QUESTIONNAIRE

COMPLET

DES CONNAISSANCES NÉCESSAIRES

AUX

Élèves-caporaux des pelotons d'instruction

QUESTIONNAIRE

COMPLET

DES CONNAISSANCES NÉCESSAIRES

AUX

ÉLÈVES-CAPORAUX DES PELOTONS D'INSTRUCTION

A L'USAGE

DES OFFICIERS, SOUS-OFFICIERS ET CAPORAUX INSTRUCTEURS
DES ÉLÈVES-CAPORAUX
ET DES ENGAGÉS CONDITIONNELS
CONFORME AU PROGRAMME ANNEXÉ A L'INSTRUCTION
DU 19 NOVEMBRE 1884
ET AUX DERNIÈRES DÉCISIONS MINISTÉRIELLES

PARIS | LIMOGES
11 place St-André-des-Arts | Nouvelle Route d'Aixe, 50
IMPRIMERIE ET PAPETERIE MILITAIRES
Henri CHARLES-LAVAUZELLE

—

1885.

AVANT-PROPOS

Le présent questionnaire est établi spécialement en vue de faciliter l'enseignement et les examens.

Il pourra servir à la fois aux élèves-caporaux, aux officiers et aux sous-officiers instructeurs et aux officiers membres de la commission d'examen.

Le questionnaire est divisé en deux parties :

La première partie comprend les connaissances que tous les élèves-caporaux doivent pouvoir enseigner :

1° Manœuvres (École du soldat : Titres I et II);

2° Tir;

3° Gymnastique d'assouplissement;

4° Travaux de campagne (pour mémoire);

5° Service intérieur;

6° Service des places ;

7° Service en campagne ;

8° Lecture raisonnée du livret individuel ;

9° Se reporter au questionnaire du commandant Poirot sur les obligations militaires ;

10° Manœuvre du canon (pour mémoire) ;

11° Manœuvre des pompes à incendie
(pour mémoire).

La seconde partie comprend les connaissances complémentaires reçues par
les élèves les plus intelligents :

1° Manœuvres (pour mémoire) ;

2° Tir ;

3° Service des places ;

4° Service intérieur ;

5° Service en campagne ;

6° Cours de comptabilité (pour une
compagnie) ;

7° Législation ;

8° Cours élémentaire de lecture des
cartes topographiques (signes conventionnels).

Les questions sur chaque matière ont
été réparties en 25 séries correspondant
aux lettres de l'alphabet. Celles précédées d'un astérisque pourront, au besoin,
être répétées.

A chaque examen, l'officier directeur répartit dans chaque série les questions qui ont été étudiées dans la période d'instruction et sur lesquelles les élèves caporaux doivent être interrogés.

En supposant que cent élèves aient étudié cent questions d'une matière quelconque, on met dans l'urne autant de lettres qu'il y a d'élèves et l'examinateur prend dans la série tirée la question qui lui convient.

Pour ces cent élèves, les lettres alphabétiques seront cinq fois répétées et toutes les questions pourront être posées.

EXEMPLE

Séries.	Questions.	Séries.	Questions.
A.	1. 26, 51, 76.	N.	11, 36, 61, 86,
B.	8. 33. 58, 83,	O.	17. 42. 67. 92,
C.	14. 39. 64, 89,	P.	23, 48, 73, 98,
D.	20, 45, 70. 95.	Q.	5. 30. 55, 80,
E.	2. 27. 52. 77.	R.	12, 37. 62. 87,
F.	9, 34. 59. 84.	S.	18, 43, 68, 93,
G.	15, 40. 65, 90.	T.	24, 50. 75, 99,
H.	21. 46, 71. 96,	U.	6. 31. 56. 81,
I.	3. 28, 53. 78,	V.	13. 38. 63. 88,
J.	10. 35, 60, 85.	X.	19. 44. 69. 94,
K.	16. 41, 66. 91.	Y.	25. 49, 75, 100,
L.	22, 47. 72, 97.	Z.	7, 32, 57, 82,
M.	4. 29, 54. 79.		

PREMIÈRE PARTIE

DU QUESTIONNAIRE

Les chiffres inscrits à la suite de chaque ontête indiquent les articles ou les numéros du règlement dans lesquels sont comprises les réponses.

1° BASES DE L'INSTRUCTION ET ÉCOLE DU SOLDAT

TITRE Ier

Bases de l'Instruction.

Définitions.

1. Comment est habituellement disposé une troupe. Comment se compose le rang, la file.

2. Qu'appelle-t-on chef de file, file creuse Dans la marche par le flanc, comment se compose la file, simple ou doublée, le rang.

3. Qu'entend-on par : guide, serre-files, colonne, tête, queue, ligne, droite, gauche d'une ligne, aile.

4. Qu'entend-on par : front, alignement, flanc. Comment évalue-t-on le front d'une troupe à rangs serrés.

5. Qu'entend-on par intervalle, distance, profondeur, formation.

6. Qu'appelle-t-on : avant-garde, arrière-garde, flanc-garde, éclaireurs.

7. Qu'entend-on par : dispositif, échelons, échiquier.

8. Qu'appelle-t-on : crochet défensif, crochet offensif, mouvement enveloppant, mouvement tournant.

9. Qu'entend-on par : évolution, manœuvre, marche de flanc, objectif, temps en instruction de détail.

10. Quand l'ennemi est-il dit : supposé, figuré, représenté.

Composition d'un régiment, 1-6.

11. Comment se compose le régiment, le bataillon, la compagnie. Sur le pied de paix, en combien d'escouades est divisée chaque section.

12. Par quels numéros sont désignées les escouades du pied de paix. De combien d'escouades se compose la compagnie sur le pied de guerre ; comment sont-elles formées et quels numéros prennent-elles.

13. Sur le pied de guerre, comment s'appelle la réunion de deux escouades. Comment s'appelle la fraction composée de deux sections. En manœuvre comment sont numérotées les subdivisions.

Commandement, 7-10.

11. Dans chaque compagnie, par qui sont commandées les sections, les pelotons.

15. Dans chaque section, qui commande la demi-section de droite, de gauche. En l'absence de son chef, par qui est commandée une subdivision.

*Formation du régiment dans l'ordre constitutif,
11-20.*

16. Dans l'ordre constitutif, comment sont formés les bataillons du régiment : dans chaque bataillon, les compagnies.

17. Comment est formée chaque compagnie. Quelle est la distance d'un rang à l'autre. Pour une première formation, comment est constituée chaque section et comment sont placés les hommes, les caporaux, les sergents.

18. En cas de mobilisation partielle, d'appel de réservistes, comment est réparti le nouveau contingent : hommes, caporaux et sergents, en cas de mobilisation complète.

19. Comment sont égalisés les bataillons, les compagnies, les escouades. Quelle est la place des soldats de 1re classe.

*Place des officiers, sous-officiers, caporaux, du
drapeau, etc., 21-24.*

20. Quelle est la place du capitaine, des chefs de section, des sergents de demi-section, des serre-files, du sergent-major, du fourrier, du caporal-fourrier, des caporaux.

21. Quelle est la place des sapeurs, tambours, clairons, musiciens, porte-sac, enfants de troupe, du vaguemestre, du caporal-conducteur des équipages, des voitures, mulets et chevaux de main.

Quelle est la place du drapeau. Par quoi est remplacé le drapeau dans les bataillons autres que celui où il est placé. Comment est composée la garde du drapeau. Qui porte les fanions des bataillons.

Instruction des sous-officiers, des caporaux, des recrues, 48-51.

22. Quelle instruction doivent posséder les sous-officiers, les caporaux. Comment est faite l'instruction des recrues.

TITRE II

Ecole du Soldat.

Règles générales, 1-3.

23. Quel est l'objet de l'école du soldat. Quelles sont les prescriptions à observer par l'instructeur pour donner cette instruction. Combien y a-t-il de sortes de commandements. Comment est divisée l'école du soldat. Que contient le premier chapitre, le second.

Progression de l'école du soldat.

24. Donner la progression du chapitre premier de la première partie de l'école du soldat.
25. Donner la progression du chapitre second de la première partie.
26. Donner la progression du chapitre premier de la seconde partie.
27. Donner la progression du chapitre second de la seconde partie.

PREMIÈRE PARTIE

—

CHAPITRE PREMIER

Instruction individuelle.

—

Règles générales, 6.

28. Comment sont disposés les hommes pour l'enseignement du premier chapitre de la première partie des exercices d'assouplissement, de l'escrime à la baïonnette. Comment sont numérotés les hommes dans le rang.

29. Comment sont exécutés les articles II et III. Comment désigne-t-on les gradés attachés à l'instruction individuelle. Combien de temps et de mouvements forme l'exécution de chaque commandement. Quels sont les commandements qui décident l'exécution des divers mouvements de chaque temps. Quel commandement fait l'instructeur pour commencer l'exercice.

ARTICLE 1ᵉʳ

Position du soldat sans arme, 7-12.

30. Donner la position du soldat sans arme, les mouvements de tête à droite et à gauche.

ARTICLE 2, 14-22.

31. Expliquer les mouvements de : à droite, à gauche, demi-à-droite, demi-à-gauche, demi-tour à droite.

ARTICLE 3, 23-60.

32. Donner les principes du pas accéléré et toutes les observations qui s'y rattachent. Arrêter l'escouade.

33. Donner les principes du pas en arrière et les observations qui s'y rattachent.

34. Donner les principes du pas gymnastique et les observations qui s'y rattachent.

35. Donner les principes du pas de route, du pas de charge. Expliquer les mouvements de : marquer le pas, changer le pas.

36. Expliquer le demi-tour à droite en marchant au pas accéléré ; au pas gymnastique. Expliquer le demi-tour à droite, pour arrêter, le soldat étant en marche au pas accéléré ; au pas gymnastique. Donner les observations qui terminent l'article 3 relativement à l'alignement et au commandement.

ARTICLE 4

Maniement de l'arme. 62-148.

37. Quelle est la vitesse de chacun des mouvements du maniement de l'arme. Donner la position du soldat reposé sur l'arme, la position du repos.

38. Donner les principes du port d'arme ; le mouvement de porter l'arme, le soldat étant reposé sur l'arme ; de reposer l'arme du port d'arme.

39. Le soldat étant au port d'arme ou reposé sur l'arme, expliquer le mouvement de l'arme sur l'épaule droite.

40. Le soldat étant l'arme sur l'épaule droite,

expliquer le mouvement de reposer l'arme ; de porter l'arme.

11. Expliquer le mouvement de : baïonnette au canon, le soldat étant reposé sur l'arme, de remettre la baïonnette.

12. Expliquer le mouvement de : présenter l'arme, le soldat étant au port d'arme ; de porter l'arme.

13. Expliquer le mouvement de : croiser la baïonnette, le soldat étant au port d'arme ou reposé sur l'arme ; de porter l'arme de cette position.

14. Expliquer les mouvements de l'arme à la bretelle et de l'arme à volonté.

15. Expliquer les mouvements de former et de rompre les faisceaux.

Escrime à la baïonnette, 119-148.

16. Expliquer la position de la garde ; le mouvement de porter l'arme.

17. Expliquer les mouvement de : face à droite (gauche) ; demi-tour à droite (gauche).

18. Expliquer les mouvements de : un pas en avant, un pas en arrière, un pas à droite, un pas à gauche.

19. Expliquer les mouvements de : double pas en avant, double pas en arrière, volte-face à droite (gauche).

20. Expliquer les mouvements de : parez à gauche (droite), reprenez garde ; en tête, parez ; en tête à droite (gauche), parez.

21. Expliquer les mouvements de : en avant, pointez ; en tête, parez et pointez ; coup lancé.

22. A quelle hauteur pointe le soldat en face de l'infanterie, de la cavalerie. Donner un exemple de parades et de pointes réunies, do doubles mouvements et de doubles pointes. Quels sont les mouvements à exécuter pour l'attaque; pour la défense. Par quels exercices se perfectionnent les soldats dans l'escrime à la baïonnette.

ARTICLE 5.

Charges en quatre temps et à volonté, 149-168.

51. Afin d'éviter des dégradations à l'arme, comment sont exécutés les deuxième, troisième et quatrième temps de la charge. Expliquer la charge en quatre temps.

Charge à volonté.

52. Comment est exécutée la charge à volonté. Expliquer le mouvement de : désarmez. A quel moment fait-on exécuter le mouvement de désarmer. Quand fait-on exécuter les charges avec de fausses cartouches.

53. Expliquer le mouvement de : déchargez; portez ou reposez. Quel est le mouvement à exécuter pour empêcher un étui vide d'être projeté à l'extérieur. Expliquer le déchargement de l'arme avec la baguette.

54. A quel moment l'arme doit-elle être chargée. A quelle période de l'instruction doit-on enseigner les positions du tireur, les mouvements de joue et de feu.

Positions du tireur. — Mouvement de joue et de feu, 169-207.

55. Expliquer la position du tireur debout et les mouvements de joue et de feu dans cette position. Expliquer le mouvement par lequel on fait continuer le feu ; par lequel on fait porter ou reposer l'arme, au lieu de la faire charger ; par lequel on fait replacer l'arme.

58. Expliquer la position du tireur à genou, les mouvements de joue et de feu dans cette position. Expliquer les mouvements par lesquels on fait continuer le feu ; relever le soldat et reposer l'arme au lieu de la faire charger ; replacer l'arme.

59. Expliquer la position du tireur couché, les mouvements de joue et de feu ; les mouvements par lesquels on fait continuer le feu ; relever le soldat ; replacer l'arme.

Inspection des armes, 208-209.

60. Expliquer le mouvement de l'inspection des armes.

CHAPITRE II

Instruction de l'escouade et de la demi-section.

—

Règles générales, 210.

61. De combien d'hommes est formée l'escouade pour l'exécution des mouvements du chapitre second. Par quel grade, dans le texte, sont désignés les instructeurs. Quels sont les gradés affectés à chaque escouade. Par qui sont remplies les fonctions de guide, dans l'escouade. Comment est formée l'escouade pour l'exécution des trois premiers articles ; des articles IV, V et des feux.

62. Qui commande la demi-section. Par qui sont remplies les fonctions de guide, dans la demi-section. Comment les files sont-elles numérotées. Comment la marche est-elle assurée. Par où passe le guide pour se porter d'une aile à l'autre. Quel est le premier moyen d'ordre dans une troupe.

63. Comment les soldats ont-ils l'arme, dans les alignements et les changements de direction de pied ferme; dans les marches; au pas gymnastique; au moment où ils sont arrêtés.

ARTICLE 1er.

Principes d'alignement, 211-224.

64. Expliquer les principes d'alignement, homme par homme; les alignements de l'escouade entière ;les alignements en arrière. Donner les observations sur les alignements.

ARTICLE 2.

Marche de front en avant et face en arrière,
225-247.

65. Expliquer la marche de front en avant et donner les observations qui s'y rattachent.

66. Expliquer la marche oblique et le mouvement pour reprendre la marche directe.

67. Expliquer comment le caporal fait passer du pas accéléré au pas gymnastique et réciproquement; fait arrêter l'escouade, marquer et changer le pas; marcher face en arrière sans l'arrêter, au pas accéléré et au pas gymnastique; arrêter l'escouade en lui faisant faire demi-tour. Dans ce dernier cas, quelle place prend le guide, si l'escouade est sur deux rangs. Comment le caporal fait-il exécuter le pas en arrière. Comment marchent les hommes du second rang dans la marche de front.

Changements de direction, 248-271.

68. Expliquer les changements de direction de pied ferme.

69. Expliquer les changements de direction en marchant.

70. Expliquer le mouvement de tourner à droite ou à gauche.

71. Faire agenouiller l'escouade de pied ferme ou en marche, et la faire relever. Faire coucher l'escouade de pied ferme ou en marche et sur deux rangs et la faire relever. Faire rompre les rangs et rassembler l'escouade.

ARTICLE 3.

Marche par le flanc, 272-276.

72. Expliquer la marche par le flanc. l'escouade étant sur un rang, puis sur deux.

Dédoubler et doubler les files en marchant. Arrêter l'escouade et lui faire faire front, 277-287.

73. Faire dédoubler et doubler les files en marchant. Expliquer le mouvement d'arrêter l'escouade et lui faire faire front, l'escouade étant sur un rang ; l'escouade étant sur deux rangs.

74. Comment le caporal exerce-t-il les hommes à faire front immédiatement après s'être arrêtés ; à marcher par le flanc sans doubler les files.

75. Expliquer le changement de direction par file, les hommes étant sur deux ou quatre rangs, et aussi sur un rang.

76. Expliquer les à-droite et à-gauche en marchant et donner les observations qui s'y rattachent. Comment s'exécute la marche par le flanc au pas gymnastique.

77. Expliquer le mouvement de former l'escouade en ligne.

78. Expliquer le mouvement de passer d'un rang sur deux et réciproquement, d'abord par la droite, puis par la gauche.

ARTICLE 4.

79. Donner la progression du maniement des armes.

80. Expliquer les charges en quatre temps et à volonté, l'escouade étant sur deux rangs.

81. Faire exécuter un feu d'escouade debout,

les hommes étant sur deux rangs; continuer et cesser le feu.

82. Faire exécuter un feu d'escouade à genou; faire continuer et cesser le feu.

Feu rapide, 322-332.

83. Faire exécuter un feu rapide debout et à genou; faire cesser le feu. Faire exécuter à l'escouade couchée des feux d'escouade et le feu rapide.

84. Donner les observations sur les feux.

ARTICLE 5.

Exécuter les quatre premiers articles avec deux escouades, 333-339.

85. Comment s'exécutent les différents mouvements des quatre premiers articles avec deux escouades (demi-section); le rassemblement, la substitution dans les commandements; les feux sur quatre rangs.

SECONDE PARTIE

Principes généraux pour l'instruction en ordre dispersé, 340-344.

86. Expliquer le but de la seconde partie de l'école du soldat, et ce qui est relatif au port de l'arme, à l'ensemble des mouvements, au passage des espaces découverts, aux commandements, à l'initiative individuelle.

CHAPITRE PREMIER

Instruction de l'escouade et de la demi-section.

—

Règles générales, 345-349.

87. Donner dans les règles générales ce qui est relatif au terrain, à la formation des groupes, au commandement du groupe et à la surveillance, à l'intervalle des files déployées, à la place du caporal dans les déploiements et dans la marche, aux exercices qui doivent suivre les mouvements en ordre dispersé.

ARTICLE Ier.

Déploiements de l'escouade, 350-361.

88. Quand l'escouade est-elle déployée : en avant, par le flanc, à droite ou à gauche. Dans quelle position préalable se trouve l'escouade pour le déploiement en avant, pour le déploiement par le flanc.

89. Expliquer le déploiement en avant, arrêter l'escouade.

90. Expliquer le déploiement par le flanc.

91. Expliquer le déploiement sur la file de tête. Faire prendre entre les files un intervalle autre que celui habituel.

Ouvrir et serrer les intervalles, 362-366.

92. Expliquer le mouvement d'ouvrir et serrer les intervalles, de serrer les intervalles à 15 centimètres.

ARTICLE 2.

Marches, 367-382.

93. Expliquer la marche de l'escouade groupée et en marche ; la marche sur un rang ; sur deux rangs, la marche de l'escouade déployée.

94. Expliquer la marche face en arrière ; par le flanc. Comment est arrêtée l'escouade dans ces différentes marches.

95. Expliquer les changements de direction de l'escouade déployée et en marche ; de l'escouade de pied ferme.

ARTICLE 3.

Feux, 383-391.

96. Donner les principes généraux du feu. Comment le caporal fait-il exécuter les différents feux ; les fait-il cesser.

ARTICLE 4.

Rassemblement et ralliement, 392-395.

97. Quel est le but du rassemblement. Comment s'exécute le rassemblement.

98. Quel est le but du ralliement. Comment s'exécute le ralliement.

ARTICLE 5.

Exécuter avec la demi-section les trois premiers articles, 396.

Déploiements : Ouvrir et serrer les intervalles, 397-412.

99. Comment se déploie en avant la demi-section en marche. Comment est-elle arrêtée.

100. Comment est déployée par le flanc la demi-section de pied ferme. Comment sont déployées les escouades en tirailleurs. Comment est déployée immédiatement en tirailleurs toute la demi-section.

101. Comment est déployée immédiatement en tirailleurs, la demi-section étant par le flanc, de pied ferme ou en marche. Quel est le commandement à faire dans le cas où les escouades doivent être séparées par un intervalle.

102. Expliquer le mouvement d'ouvrir et serrer les intervalles entre les escouades; entre les files des escouades, serrer à 15 centimètres.

Marches. Changements de direction, 413-424.

103. Expliquer la marche de la demi-section groupée; déployée par escouades groupées; la marche face en arrière, la marche par le flanc, un changement à la direction primitive.

104: Comment s'exécutent les changements de direction d'une demi-section en tirailleurs; d'une demi-section avec escouades groupées.

Feux, 425.

105. Comment s'exécutent les feux de demi-section.

ARTICLE 6.

Relever et renforcer les tirailleurs. Rassemblement et ralliement, 426-442.

106. Comment est relevée une escouade déployée en tirailleurs et de pied ferme; une escouade marchant face en arrière.

107. Quelles sont les différentes manières de renforcer une ligne et dans quelles circonstances sont-elles employées.

108. Expliquer les trois manières de renforcer.

109. Expliquer les différents rassemblements.

110. Expliquer les différents ralliements. Quand le ralliement peut-il être suivi de la retraite. Quelle est la formation à prendre après tout ralliement.

CHAPITRE II

Instruction en terrains variés.

Règles générales, 113-149.

111. Expliquer dans les règles générales, ce qui est relatif au but du chapitre II, à la direction de cette instruction, au choix du terrain, à la transmission des commandements, à la représentation de l'ennemi, au feu, aux distances qui séparent les deux partis, au mode d'enseignement.

ARTICLE 1er.

Exercices préparatoires. Connaissance et emploi du terrain, 450-457.

112. Donner le véritable but du combat, l'objet des exercices préparatoires, les couverts et la manière de les utiliser.

113. Comment le soldat dispose-t-il son fusil pour faire feu. Quelle position prend-t-il en terrain découvert. Quelle est l'attitude du chef d'une troupe à genou ou couchée.

111. Comment peut-on se servir d'un mur. Quels sont les abris qu'on ne doit jamais occuper.

ARTICLE 2.

Règles pour l'exécution du chapitre 1er en terrains variés, 458.

Déploiements, 459-460.

115. Quels sont les principes des déploiements en terrains variés. Quelle est la position préparatoire d'une troupe avant les déploiements en terrains variés.

Ouvrir et serrer les intervalles, 461.

116. Quelle est la règle pour ouvrir et serrer les intervalles en terrains variés.

Marches, 462-465.

117. Expliquer la marche de l'escouade ou de la demi-section en terrains variés; la marche de l'escouade subordonnée.

118. Quelle est la marche des soldats en tirailleurs. Comment une escouade déployée ou groupée se porte-t-elle sur une nouvelle position.

Feux, 466-470.

119. Quelles sont les indications à donner au soldat isolé, afin qu'il ait des chances d'atteindre l'ennemi.

120. Quelles sont les recommandations à faire au soldat relativement à la consommation des munitions.

Rassemblement et ralliement, 471-472.

121. Comment se fait le rassemblement. Quelles dispositions prend le caporal ou le sergent pour exécuter le ralliement.

APPENDICE

Maniement du sabre.

122. Donner la position du port du sabre.

123. Comment est porté le sabre pendant les manœuvres. Donner le mouvement de présenter le sabre.

124. Expliquer le salut du sabre.

Honneurs funèbres.

125. Comment le soldat porte-t-il son arme dans les honneurs funèbres.

2° RÈGLEMENT SUR L'INSTRUCTION DU TIR
Extrait du règlement du 11 novembre 1882.

PREMIÈRE PARTIE

CHAPITRE II

Exercices préparatoires de tir.

—

ARTICLE 1er.

Méthode d'instruction, 15-17.

1. Que faut-il faire pour tirer un coup de fusil sur un but déterminé. Quelle est la méthode à suivre.

ARTICLE 2.

Progression des exercices préparatoires, 18-22.

***2.** Donner la progression du premier exercice préparatoire.

***3.** Donner la progression du deuxième exercice préparatoire.

***4.** Donner la progression du troisième exercice préparatoire, du quatrième.

***5.** Quelles sont les recommandations faites à l'instructeur pour l'enseignement du tir en général.

ARTICLE 3.

Détail des exercices préparatoires. — Premier exercice préparatoire, 23-30.

***6.** 1° Comment l'instructeur enseigne-t-il aux hommes à prendre la ligne de mire (ligne de mire de 200 mètres). Quel est le moyen à employer pour, le cas échéant, forcer l'homme à fermer l'œil gauche.

***7.** 2° Comment l'instructeur enseigne-t-il au soldat à viser un point marqué (ligne de mire de 200 mètres).

***8.** 3° Expliquer les règles du tir et le pointage avec les lignes de mire de 200, 300 et 350 mètres.

***9.** 4° Expliquer les règles du tir et le pointage avec les différentes lignes de mire jusqu'à 1,800 mètres.

***10.** Expliquer le maniement de la hausse. Quand on donne l'instruction du pointage sur le chevalet, à quelles distances est censé placé le but. Pourquoi fait-on des séances de pointage avec des cibles placées au moins à 200 mètres.

* **11**. 5° Comment l'instructeur fait-il la constatation de la régularité du pointage.

* **12**. 6° Pourquoi est-il utile de savoir corriger le pointage. Comment l'instructeur exerce-t-il les hommes aux corrections de pointage. Dans le tir à la cible, qui indique les corrections de pointage à faire.

* **13**. 7° Avant la démonstration du rôle de la hausse, quelles sont les explications que donne l'instructeur. Expliquer la démonstration du rôle de la hausse.

* **14**. Comment l'instructeur opère-t-il pour rendre sensibles aux hommes les erreurs de pointage qui résultent de ce que la hausse et le guidon penchent à droite ou à gauche ; de ce que l'on ne vise pas par le milieu du cran de mire.

Deuxième exercice préparatoire, 51–79.

15. Comment sont placés les hommes pour leur enseigner les positions du tireur. Expliquer la position du tireur debout et donner le commandement à faire, pour l'exécution.

* **16**. Expliquer le placement de l'arme à l'épaule.

17. Expliquer le mouvement de joue, l'instructeur soutenant l'épaule et donner les commandements à faire.

18. Quelles sont les lignes de mire que fait prendre successivement l'instructeur, lorsque l'homme a appris à mettre en joue, et à l'aide de quels commandements.

* **19**. Quelle est la mise en joue, pour l'emploi

des hausses supérieures à 600 mètres. Quel est l'exercice que l'on fait faire au soldat pour l'habituer à conserver toujours la ligne de mire, quelle que soit la position de son arme.

20. Comment l'instructeur enseigne-t-il au soldat à retenir la respiration en mettant en joue.

***21**. Comment l'instructeur enseigne-t-il au soldat à viser avec la ligne de mire de 200 mètres : 1° un point désigné ; 2° l'œil de l'instructeur.

22. Quelles sont les différentes lignes de mire que l'on fait prendre au soldat pour viser un point.

***23**. Expliquer les détails de la position du tireur debout.

***24**. Expliquer les détails de la mise en joue.

25. Expliquer la position du tireur à genou et donner le commandement à faire.

26. Expliquer le mouvement de joue, dans la position à genou, le tireur prenant la ligne de mire de 200 mètres et donner le commandement.

27. Quels sont les exercices que l'instructeur fait faire au soldat dans la position à genou.

***28**. Expliquer les détails de la position à genou et indiquer les modifications à lui faire subir suivant la conformation de l'homme. Par quel commandement l'instructeur fait-il relever le soldat.

29. Expliquer la position du tireur couché et donner le commandement.

30. Expliquer le mouvement de joue, dans la position du tireur couché. Quelle est la position du corps dans ce mouvement et quelle précaution doit prendre le soldat relativement à son arme. Par quel commandement l'instructeur fait-il relever le soldat, et donner le mouvement.

Troisième exercice préparatoire, 80-81.

31. Comment l'instructeur enseigne-t-il au soldat à agir sur la détente pour faire partir le coup.

Quatrième exercice préparatoire, 82-105.

32. Comment l'instructeur exerce-t-il les hommes à pointer et tirer dans la position du tireur debout. Donner les commandements.

* **33**. De quoi dépend le bon tir. Quel est le défaut le plus fréquent dans le commencement du tir à volonté. Quelle indication doit pouvoir donner le tireur, lorsque le coup est parti, relativement à la ligne de mire.

34. Quelle est la série des exercices à faire exécuter dans le tir à volonté.

35. Comment l'instructeur exerce-t-il les hommes individuellement à faire feu à commandement. Donner les commandements.

36. Quelle est la série des exercices à faire exécuter dans le tir individuel à commandement.

37. Expliquer les mouvements de : replacez arme, chargez, cessez le feu.

38. Quel est le but des feux d'ensemble. Comment l'instructeur fait-il exécuter des feux de salve d'escouade, debout, à genou, couché.

39. Comment l'instructeur fait-il continuer, cesser le feu.

40. Comment s'exécutent les feux de salve de demi-section ou de section.

41. Donner les observations sur les feux d'ensemble relativement à la simultanéité dans le départ des coups, l'attitude de la troupe et celle du chef qui commande.

42. Quelles sont les prescriptions à observer pour bien faire les commandements du feu.

DEUXIÈME PARTIE

CHAPITRE III

ARTICLE 1er.

Nomenclature succincte du fusil modèle 1874.

43. En combien de parties se divise le fusil modèle 1874.

1º *Canon et boîte de culasse.*

44. En combien de parties se divise le canon. Donner la nomenclature du canon extérieurement et intérieurement à l'exception de la hausse.

45. De combien de pièces se compose la hausse, donner la nomenclature détaillée.

46. Donner la nomenclature de la boîte de culasse à l'exception du ressort-gâchette.

47. Donner la nomenclature du ressort-gâchette.

2º *Culasse mobile.*

48. De combien de pièces se compose la culasse mobile, nommez-les. Donner la nomenclature de la tête mobile.

49. Nomenclature détaillée de l'extracteur.

50. Nomenclature du cylindre.

51. Nomenclature du chien.

52. Nomenclature du percuteur.

53. Nomenclature du manchon et du ressort à boudin.

3° *Monture.*

54. Nomenclature de la monture.

55. Nomenclature de la baguette.

4° *Garnitures.*

56. Nomenclature de l'embouchoir et de la grenadière.

57. Nomenclature des ressorts de grenadière et d'embouchoir; de la sous-garde.

58. Nomenclature du battant de crosse et de la plaque de couche.

59. Nomenclature des différentes vis.

5° *Epée-baïonnette.*

60. En combien de parties se divise l'épée-baïonnette. Donner la nomenclature de la lame.

61. Donner la nomenclature de la monture.

62. Donner la nomenclature du fourreau.

ARTICLE 7.

Entretien des armes. Nécessaire d'armes. Inspection des armes.

63. Quelles sont les opérations qui constituent l'entretien des armes.

Entretien des armes.

1° *Démontage et remontage du fusil.*

64. Comment s'opère le démontage de l'arme.

65. Comment s'opère le remontage.

66. Quelles sont les observations à faire au

soldat concernant les mutilations, les vis, le ressort gâchette et la sous-garde, la lame du tournevis.

67. Comment s'opère le démontage de la culasse mobile.

68. Comment s'opère le remontage de la culasse mobile.

2° *Nettoyage et graissage.*

69. Après un exercice à feu, comment s'opère le nettoyage du canon, puis le graissage.

70. Le nettoyage de la culasse mobile, puis le graissage.

71. Le nettoyage de la monture : le nettoyage et le graissage de la baïonnette, de la baguette et des garnitures.

72. Comment sont nettoyées et graissées les pièces en fer ou en acier non bronzées.

73. Comment sont nettoyées et graissées les pièces en fer ou en acier, bronzées ou bleuies.

74. Comment se nettoient les pièces en laiton. Comment s'opèrent le nettoyage et le graissage de l'arme après les exercices autres que les tirs.

Nécessaires d'armes.

75. Quels sont les objets nécessaires pour l'entretien du fusil.

Inspection des armes.

76. Quelles sont les pièces sur lesquelles se porte particulièrement l'attention des sous-officiers, dans l'inspection des armes.

77. Quel est l'examen à faire, après le tir.

Nota. La nomenclature de l'arme, du nécessaire d'armes, l'inspection des armes seront faites, pièces ou fusil en mains.

Les 23 questions précédées d'un astérisque seront répétées dans les séries, de façon à compléter 100 questions, si cela est nécessaire.

3° GYMNASTIQUE D'ASSOUPLISSEMENT

Gymnastique appliquée (pour mémoire).
Canne et boxe (pour mémoire).

Progression.

1. En combien de chapitres se divise la gymnastique d'assouplissement.

2. Que comprend chaque chapitre.

***3.** Quels sont les mouvements exécutés dans l'article 1er du chapitre 1er.

***4.** Quels sont les mouvements exécutés dans l'article 2 du chapitre 1er.

5. Quels sont les mouvements exécutés dans l'article 1er et l'article 2 du chapitre II.

Règles générales.

6. Quand doit-on faire les exercices d'assouplissement, sans arme, avec l'arme, les courses et les sauts. Comment sont disposés les hommes.

7. Comment l'instructeur fait-il prendre les intervalles, les hommes étant sur un rang, sur deux rangs. Comment fait-il serrer les rangs.

8. Quels sont les commandements à faire pour commencer et terminer le mouvement. Comment sont placés les poings, les bras. Comment sont comptés les temps.

9. Quelle est la cadence des mouvements. Quel est le commandement qui précède toujours les exercices d'assouplissement.

CHAPITRE PREMIER

Exercices d'assouplissement sans arme.

—

ARTICLE 1er.

Mouvements des bras.

10. Expliquer le mouvement horizontal (vertical ou latéral) des bras sans flexion, en deux temps.

11. Mouvement horizontal (vertical) et latéral des bras sans flexion, en trois temps.

12. Mouvement horizontal et vertical des bras sans flexion, en quatre temps.

13. Mouvement horizontal (vertical ou latéral) des bras avec flexion, en quatre temps.

14. Mouvement horizontal des avant-bras, en deux temps.

15. Rotation des bras en avant (en arrière), en deux temps.

ARTICLE 2.

Flexions du corps et des jambes.

16. Flexions du corps en avant et en arrière, en deux temps.

17. Flexions du corps en avant et en arrière, et mouvement vertical des bras sans flexion, en deux temps.

18. Flexions des extrémités inférieures, en deux temps.

19. Flexions des extrémités inférieures et mouvement horizontal (vertical ou latéral) des bras sans flexion, en deux temps.

***20**. Flexions de la cuisse et de la jambe, cadence modérée (accélérée ou gymnastique), en deux temps.

***21**. Flexions de la cuisse et de la jambe, cadence accélérée et mouvement horizontal (vertical ou latéral) des bras avec flexions, en quatre temps.

CHAPITRE II

Courses et sauts sans arme.

ARTICLE 1er.

Courses.

22. A quelle allure sont exécutées les courses. Donner le tableau des courses.

23. Quelle est la force du groupe exercé à la course. Quelle est la longueur des courses dites de vélocité et quels sont les principes de cette course. Sur quels terrains seront faites les courses. Par quels exercices seront interrompues subitement les courses.

ARTICLE 2.

Sauts.

***24**. Quels sont les principes auxquels le soldat doit se conformer pour les sauts sans arme, relativement aux poings, à la respiration, à la manière de tomber à terre, etc.

25. Expliquer le saut en largeur en avant à pieds joints, en deux temps.

26. Saut en hauteur en avant à pieds joints, en deux temps.

27. Saut en profondeur en avant à pieds joints, en deux temps.

28. Saut en largeur en avant précédé d'une course, en deux temps.

29. Saut en hauteur en avant précédé d'une course, en deux temps.

30. Sauts continus précédés d'une course par entraînement progressif.

CHAPITRE III

Exercices d'assouplissement avec l'arme.

—

ARTICLE UNIQUE.

*Mouvements des bras et flexions du corps
et des jambes.*

31. Quels sont les mouvements des bras, les flexions du corps et des jambes que l'on peut exécuter avec l'arme. Expliquer le mouvement de : placer l'arme devant le corps en deux temps.

CHAPITRE IV

Courses et sauts avec l'arme.

—

ARTICLE 1er.

Courses graduées avec l'arme.

32. Comment sont exécutées les courses graduées avec l'arme.

ARTICLE 2.

Sauts avec l'arme.

33. Dans quelle progression sont exécutés les sauts avec l'arme. De quelle hauteur le saut en profondeur sera-t-il exécuté avec l'arme. Dans la course pour le saut avec l'arme, comment le soldat tient-il son fusil et son fourreau.

34. Quels sont les mouvements qui devront toujours suivre les courses et les sauts. Sur quel terrain devront s'exécuter, autant que possible, les courses et les sauts.

35. Comment sera disposée la piste. A défaut de piste, de quels obstacles se servira-t-on. Par quels moyens et quels commandements fera-t-on franchir les obstacles aux hommes d'une compagnie.

Nota. — On peut compléter à 50 les questions de la gymnastique en répétant les 15 numéros les plus importants.

4° TRAVAUX DE CAMPAGNE (pratique)

(pour mémoire).

Usage des outils de campagne.

Chargement et déchargement des voitures et des mulets d'outils.

Exécution des retranchements rapides, des tranchées-abris, des trous de tirailleurs.

Organisation et emplacement des ateliers.

Créneler et écrêter un mur ; construire une barricade ; abattre un arbre avec la hache, la scie articulée.

Confectionner des abris pour bivouacs, des cuisines de campagne.

Nota. — Les élèves caporaux seront exercés, comme les sapeurs porteurs d'outils, à se servir de leurs outils dans toutes les circonstances prévues, et dressés au rôle de chefs d'ateliers et de moniteurs pour les autres soldats.

---

5 SERVICE INTÉRIEUR

(Extrait du décret du 28 décembre 1883).

Principes généraux de la subordination.

1. Quels sont les principes généraux de la subordination relativement à la discipline, aux punitions, à la conduite des gradés à l'égard de leurs inférieurs.

2. Indiquer comment la subordination a lieu de grade à grade.

3. Comment s'exerce la subordination à l'ancienneté et à grade égal.

TITRE PREMIER

Nominations faites par le colonel, 2.

3. Qui ordonne le passage d'un sous-officier, caporal ou soldat d'une compagnie dans une autre.

Service de semaine, 30. Appels, 48. Rassemblements, 49.

5. Quels sont les gradés commandés pour le service de semaine.

6. Quels sont les deux capitaines commandés en plus du service de semaine. Quand commence le service de semaine.

7. Comment se font et se rendent les appels du matin, du soir.

8. Comment se font les appels des divers rassemblements du régiment, de plusieurs bataillons ou de compagnies de différents bataillons.

9. Par qui sont faites les batteries ou sonneries concernant le rassemblement du régiment. Comment sont rassemblées les fractions de différentes compagnies pour un service commun.

Réparations, 62.

10. Comment se font les réparations aux effets.

Logement, 73.

11. Où est affichée l'indication du logement des médecins.

Prêt, 83.

12. En combien de parties se divise le prêt. Comment se fait le prêt dans la compagnie. Quelles sont les retenues faites aux caporaux et soldats punis de prison ou irrégulièrement absents le dernier jour du prêt.

Perruquier, 91.

13. Quel est le service du perruquier.

Cas de partage des compagnies, 95.

14. En cas de partage de la compagnie, quels sont les sous-officiers qui restent toujours avec le capitaine et ceux qui marchent avec le peloton détaché.

Demandes des sous-officiers, caporaux et soldats, 144.

15. Par qui sont reçues et transmises les demandes des sous-officiers, caporaux et soldats.

Caporal adjoint au fourrier, 166.

16. Quelles sont les fonctions du caporal adjoint au fourrier. De quel service est-il exempt.

Caporaux. Fonctions, 169.

17. Quels sont les fonctions et les devoirs généraux des caporaux.

Caporal d'escouade, 170-176.

18. Quels sont les devoirs généraux du caporal d'escouade et en particulier ceux relatifs à son livret, à ses rapports à faire, aux effets prêtés, à la visite des effets, aux rassemblements, aux appels, aux arrangements des effets de toute nature, aux cas d'absence.

Caporal de chambrée, 177-183.

19. Quels sont les devoirs des caporaux de chambrée relativement au logement et casernement, au lever, à la tenue des chambres, à la police de la chambrée, aux malades, aux punitions infligées par lui, à l'appel du soir, à la visite d'officiers, aux cas d'absence.

Caporal de semaine, 184-186.

20. Quels sont les devoirs généraux du caporal de semaine et en particulier ceux relatifs à la propreté du quartier, aux détenus et consignés.

Caporal d'ordinaire, 187-190.

21. Quels sont les devoirs généraux du caporal d'ordinaire et en particulier ceux relatifs aux distributions et achats, au service des cuisines, au blanchissage du linge.

Soldat de 1re classe, 191.

22. Qui prononce l'admission des soldats à la 1re classe. Quelles sont les conditions à cette admission. Quelles sont les seules corvées qu'ils font.

Remise des lettres et de l'argent, 206.

23. Comment se fait aux sous-officiers, caporaux et soldats la remise des lettres, et de l'argent et des paquets qui exigent une décharge.

24. Que fait un militaire pour toucher le montant d'un mandat télégraphique.

Marques extérieures de respect, 218-223.

25. A qui tout militaire doit-il de la déférence et du respect et dans quelles circonstances. Qui salue le premier. Qui salue le premier à grade égal. Quels sont les devoirs et les droits des militaires de la réserve et de l'armée territoriale relativement aux marques extérieures de respect.

26. Quelle est la forme du salut, à pied ou à cheval.

27. Quelle position prend pour saluer tout sous-officier, caporal ou soldat qui est de pied ferme, qui est assis, qui croise un supérieur, qui marche derrière lui.

28. Le salut se renouvelle-t-il dans une promenade ou dans tout autre lieu public. Les sous-officiers, caporaux et soldats se découvrent-ils chez le supérieur.

29. Quelle attitude prend tout militaire qui parle à un supérieur, qui passe devant un drapeau ou un étendard de régiment. Quelle position prend tout sous-officier, caporal ou soldat, armé du fusil ou ayant le sabre à la main, lorsqu'il parle à un officier; lorsqu'il passe près d'un officier, ou devant un drapeau ou un étendard de régiment.

30. Quels sont, quant au salut, les droits et les devoirs des fonctionnaires et employés militaires ; des officiers des douanes et des officiers de chasseurs forestiers, en uniforme : des agents du trésor et des télégraphes, etc., en uniforme.

31. Les officiers des armées étrangères ont-ils droit au salut. Comment les sous-officiers, caporaux et soldats, plantons ou ordonnances remettent-ils les dépêches ; s'ils sont armés du fusil ; s'ils ne sont pas armés.

32. Comment un supérieur parlant à un inférieur l'appelle-t-il; un inférieur parlant à un supérieur ; tout militaire parlant à un dignitaire, à un fonctionnaire ou à un employé militaire ; parlant au ministre de la guerre, aux maréchaux de France, etc.

Devoirs après l'appel du soir, 238.

33. Que doivent faire les militaires de tous grades qui rentrent après l'appel. De qui le caporal de planton aux cuisines reçoit-il les clefs des cuisines et à qui les remet-il le soir.

Devoirs du caporal de garde à la police, 240.

34. Quels sont les devoirs du caporal de

garde relativement à la surveillance des salles de discipline.

Devoirs des sentinelles, 242-245.

35. Quels sont les devoirs des sentinelles relativement aux alertes et honneurs, à l'entrée du chef de corps, aux paquets portés ou jetés hors du quartier, à l'entrée des étrangers au quartier, aux entrées et sorties après l'appel ; aux lumières à faire éteindre.

Plantons, 246-247.

36. Quels sont les devoirs du sergent de planton à la porte du quartier

* **37** Quel est le service du caporal de planton aux cuisines.

Instruction, 267-275.

38. A quelle condition tout militaire peut-il être exempté temporairement des théories et des cours.

39. Quelles sont les écoles régimentaires ; qui assiste à ces écoles et qui les dirige.

Travailleurs, 276.

40. Tout soldat peut-il être requis de travailler pour le régiment. Quelle est la somme à verser à la masse par les travailleurs.

Tenue, 279-281.

* **41.** Quelles sont les différentes tenues et quand sont-elles prises.

42. Comment se portent les cheveux, moustaches, mouche et barbe. Quelle est la manière de porter et d'ajuster les effets.

Permissions, 293-300.

43. Qui peut accorder l'exemption de l'appel quotidien aux sous-officiers, caporaux et soldats; la permission de manquer à la soupe.

44. Par qui est accordée l'exemption de l'appel du soir et la permission de dix heures aux caporaux et soldats. A qui les caporaux et soldats remettent-ils leurs titres de permission en rentrant au quartier.

45. Si, dans le courant de la journée, un caporal ou un soldat a besoin de la permission de dix heures, à qui s'adresse-t-il. Par qui est signée cette permission. Par qui sont accordées les permissions de minuit et de la nuit.

46. Par qui sont accordées les exemptions d'exercices et de manœuvres.

47. Par qui est demandée la permission pour quitter la garnison. Cette permission donne-t-elle droit à la solde.

48. Quels sont les sous-officiers, caporaux et soldats qui ont la permission permanente de dix heures.

49. Quelles sont les formalités à remplir par les sous-officiers, caporaux et soldats qui sortent du quartier ou qui y rentrent, après l'appel du soir.

50. Quelles sont les punitions encourues par les sous-officiers, caporaux et soldats qui dépassent un congé ou une permission ou qui s'absentent sans autorisation.

51. A qui sont accordées les permissions ou exemptions et pour quelle cause peuvent-elles être refusées.

52. Qui peut limiter le nombre des permissions et des exemptions. Dans quelles conditions sont accordées aux sous-officiers, caporaux et soldats des prolongations de permission.

53. Par qui est accordée l'autorisation de se rendre à l'étranger. Quelles sont les permissions que les militaires de la réserve et de l'armée territoriale peuvent obtenir, pendant la durée des convocations.

Punitions, 301–325.

54. Quels sont les actes réputés fautes contre la discipline, de la part du supérieur ; de la part de l'inférieur.

55. Quand les fautes ont-elles un caractère plus grave.

56. Quelle conduite doit tenir un supérieur qui rencontre un inférieur troublant la tranquillité publique, ou dans une tenue indécente. A quel moment, en principe, la punition encourue par un homme ivre doit-elle lui être signifiée.

57. Comment s'exerce le droit de punir. Quels sont les droits du sergent-major ou de l'adjudant, dans certains cas et en l'absence des officiers de la compagnie.

58. Quels sont les droits de punir de tout sous-officier, caporal ou soldat commandant un détachement. Que fait le chef de détachement, lorsqu'il croit nécessaire d'infliger une punition plus grave que celle qu'il peut prononcer.

59. Quels sont les droits de punir de tout militaire exerçant incidemment un commandement, en raison de son ancienneté.

60. Par qui peuvent être punis les sous-officiers, caporaux et soldats chargés d'emplois spéciaux ; ceux à l'infirmerie ou à la salle de visite ; le caporal d'infirmerie et les infirmiers régimentaires.

61. Quels sont les droits de punir des sous-officiers et caporaux de réserve ou de l'armée territoriale et par qui peuvent-ils être punis.

62. Quelles sont les règles d'impartialité qu'observe le supérieur, en infligeant une punition.

63. Comment sont communiquées les punitions infligées à un militaire du corps ; à un militaire d'un autre corps.

64. Quelles sont les mesures prises à l'égard de tout militaire qui, en permission ou en congé, encourt une punition de prison.

65. Comment se décomptent les punitions des sous-officiers, caporaux et soldats. Qui fait élargir les hommes punis à l'expiration de leurs punitions.

66. Quelles sont les punitions à infliger aux caporaux ; aux soldats.

67. Pour quelles fautes inflige-t-on les corvées supplémentaires : l'inspection avec la garde ; la consigne au quartier, la salle de police, la prison, la cellule. Dans quels locaux les caporaux subissent-ils leurs punitions.

68. Dans quels cas un militaire peut-il être retenu au corps, par mesure de discipline, après le renvoi de sa classe, s'il est de la 2e portion. Peut-il être retenu au delà de la date du passage de sa classe dans la réserve.

69. Quelles sont les mesures prises à l'égard des réservistes punis de prison ou de cellule pendant une période d'instruction ; à l'égard de ceux qui se présentent en retard ; à l'égard des hommes de l'armée territoriale dans les mêmes conditions.

* **70**. Par qui les punitions sont-elles ordonnées aux caporaux.

* **71**......... aux soldats.

* **72**. Quel est le service des soldats consignés : punis de salle de police ; de prison ; de cellule.

73. Quel est le service des caporaux consignés ; punis de salle de police ; de prison.

74. Lorsqu'il n'y a pas de services dans la journée, à quoi sont exercés les caporaux et les soldats punis de salle de police.

75. Quel est le couchage des caporaux et des soldats punis de salle de police ; quel est celui des militaires détenus dans les prisons et dans les cellules.

76. Quelles sont les retenues faites à la solde et à la nourriture des caporaux et soldats punis de prison. Quelle est la nourriture des soldats punis de cellule.

* **77**. En quoi consiste la cassation et par qui est-elle prononcée contre le caporal ; le sergent ou sergent-major : l'adjudant ; les sous-officiers rengagés, ceux qui sont décorés de la Légion d'honneur ou de la Médaille militaire ; ceux nommés par le ministre ; les caporaux décorés de la Légion d'honneur ou de la Médaille militaire.

Par qui est prononcée la révocation ou la mise à la retraite d'office des caporaux et des soldats commissionnés.

Quelle mutation fait un sous-officier ou un caporal cassé.

78. Par qui est prononcé le renvoi à la 2ᵉ classe : des soldats de 1ʳᵉ classe ; des tambours et clairons; le renvoi dans une compagnie, des soldats du petit état-major et de la section.

79. Où figurent les punitions des sous-officiers, caporaux et soldats; les rétrogradations, les cassations, les renvois de la 1er classe, les privations d'emploi, etc....., et les punitions graves.

80. Quels sont les soldats susceptibles d'être envoyés aux compagnies de discipline.

81. Quelles sont les règles suivies pour les rétrogradations volontaires.

Certificat de bonne conduite, 327.

82. Quels sont les militaires à qui est délivré un certificat de bonne conduite; à qui est-il refusé, ou non délivré.

83. Comment est-il statué sur le refus ou la délivrance du certificat. Peut-on en fournir copie ou duplicata.

84. Quels sont les militaires à qui le certificat ne peut être refusé, à moins de circonstances graves

85. Comment agit-on, relativement au certificat, à l'égard d'un militaire réadmis au service après interruption; s'il quitte le service avant l'expiration de l'année; s'il reste plus d'un an.

Réclamations, 330-332.

86. Quelles sont les réclamations seules admises.

87. Comment et à qui les sous-officiers et caporaux adressent-ils leurs réclamations par suite de punition.

88. Comment se font les réclamations relatives à des effets.

89. Quelle est la manière de réclamer auprès du colonel, des généraux, soit pour des punitions, soit pour des objets concernant l'administration.

Hygiène des hommes, 353-360.

90. Quels sont les soins de propreté personnelle que doivent prendre les hommes.

91. Quelles sont les mesures à prendre relativement à l'aération des chambres, de jour et de nuit.

92. Quelles sont les prescriptions hygiéniques à observer pour la tenue et la propreté des chambres, et autres parties du casernement.

93. Quelles sont les prescriptions d'hygiène et de propreté à observer pour la tenue des cours, cuisines, corps de garde, salles de discipline, lieux d'aisance.

94. Dans quelles conditions favorables à l'hygiène doivent être confectionnés et ajustés les effets d'habillement et de chaussure, ainsi que de literie.

95. Dans quelles conditions d'hygiène se fait l'alimentation des hommes. Quelles sont les boissons dont ils doivent faire usage, et de quel ustensile se servent-ils pour boire.

96. Quelles sont les recommandations spéciales à suivre pour les marches et les manœuvres, relativement aux effets, chaussures, pieds, boissons, alimentation, transpiration, insolation, le coucher, la propreté (cantonnements, camps ou bivouacs).

Distributions, 378-386.

97. Comment se font le rassemblement et la conduite des corvées pour les distributions de chauffage et de vivres non perçus au compte de l'ordinaire ; la distribution de ces objets.

98. Quels sont les caractères distinctifs des denrées telles que le pain, la viande, les viandes salées. Quelles sont les précautions hygiéniques à prendre pour la consommation de celles-ci.

Ordinaires des caporaux et des soldats, 387-393.

99. Comment vivent les caporaux et les soldats d'une compagnie logés dans le même quartier. A quoi servent les fonds de l'ordinaire. Qui peut accorder la permission de ne pas vivre à l'ordinaire. A qui cette permission ne peut-elle être refusée.

100. Quels sont les fonds de l'ordinaire ; donnent-ils lieu à un décompte ; dans l'armée active, dans l'armée territoriale.

101. Quelles sont les recettes de l'ordinaire ; les recettes ordinaires ; les recettes additionnelles.

102. Quelles sont les onze dépenses de l'or - dinaire.

103. Quel est le service du cuisinier ; du soldat préparateur du café.

104. Quelles sont les consignes à afficher dans les cuisines et dans le local du percolateur.

Dettes des sous-officiers, caporaux et soldats,
403-404.

105. Quelles sont les punitions encourues par les sous-officiers, caporaux et soldats qui font des dettes ; quelle est la défense faite à cet égard ; les mesures prises contre les créanciers.

TITRE III

Routes dans l'intérieur, 409-431.

106. Que deviennent les effets des soldats qui ne peuvent être mis dans le sac. Quelles précautions à prendre pour la chaussure.

107. Comment est assuré le service de semaine en route.

108. Comment se rassemblent les compagnies pour le départ en cas de réunion ou de départ imprévu, soit de jour, soit de nuit.

109. Quelle est la formation que prend le régiment pendant la marche; la place des guides; des chefs de section.

110. Quelle est la composition de l'arrière-garde de police d'un régiment, d'un bataillon. A quelle distance marche-t-elle du régiment. Quelle est la mission de son chef pendant la marche et l'arrivée.

111. Que fait un soldat qui a besoin de s'arêter entre deux haltes.

112. Comment se font les distributions dans le cas où elles n'ont pu avoir lieu avant l'arrivée de la troupe.

113. Comment se prépare la nourriture des hommes en route. Quels sont les droits du soldat dans son logement et comment fait-il ses réclamations à ce sujet, s'il y a lieu.

114. Qui fait connaître au médecin le logement des hommes qui ne peuvent venir à la visite.

115. Quels sont les devoirs des hommes autorisés à placer le havresac sur les voitures; de ceux qui sont autorisés à marcher avec les équipages ou à monter sur les voitures.

116. De quelle pièce doit être muni un homme pour entrer à l'hôpital. Que deviennent les armes et les munitions des hommes entrant aux hôpitaux. Quelles sont les mesures prises contre les hommes qui resteraient en arrière.

117. Dans les villes où il n'y a pas de garnison, qui fixe l'heure à laquelle les caporaux et les soldats doivent être rentrés dans leur logement. Par quel moyen est assurée l'exécution de l'ordre de rentrée.

118. Comment les sous-officiers punis de prison, les caporaux et soldats punis de salle de police ou de prison, subissent-ils leurs punitions pendant la marche et au gîte. Quelles sont les mesures prises contre ceux prévenus de crimes ou de délits.

6o SERVICE DES PLACES

TITRE II

Service de garnison, 1.

1. Par qui est dirigé le service de garnison.

TITRE III

Officiers, sous-officiers et employés militaires du service de la garnison et de la place, 22-36.

2. Quelles sont les fonctions du major de la garnison.

3. Y a-t-il des officiers et des sous-officiers adjoints au major de la garnison.

4. Quelles sont les fonctions des adjudants de la garnison.

5. Quelles sont les fonctions du secrétaire-archiviste.

6. Quels sont les devoirs des portiers-consignes à l'égard des militaires de tout grade passant dans une place.

7. Comment s'opère la visite des employés de l'octroi et des douanes.

Service des troupes dans les places et les villes de garnison, 43-45.

8. Où sont placés de préférence en sentinelle les soldats de 1re classe.

9. Par qui sont remplacés les sous-officiers et caporaux empêchés.

Nature et objet des différents services, 49-51.

10. Quelle est la durée des gardes.

11. Les gardes de police sont-elles comprises dans l'ensemble du service.

12. Quand le piquet est-il réuni et à quelles obligations est-il soumis.

13. Quelle est la tenue des plantons et ordonnances et comment se rendent-ils à leur destination.

Devoir des chefs de poste, 60-79.

14. Que doit faire le commandant de la nouvelle garde lorsqu'il approche du poste que sa troupe doit relever.

15. Que doit faire le commandant de la garde descendante.

16. De quelle manières les gardes se forment-elles.

17. Comment se relève la garde.

18. Que font les commandants des deux gardes dès que les sentinelles ont été relevées.

19. Quelles sont les consignes que reçoivent les postes et les sentinelles. Où sont affichées ces consignes.

20. Dans les cas urgents, quels sont les officiers qui peuvent donner des consignes provisoires, peuvent-ils se les faire répéter.

21. Quel est le premier devoir d'un chef de poste.

22. Que fait ensuite le chef de poste en rentrant.

23. Un chef de poste peut-il s'absenter. Dans quelle tenue restent les militaires de service.

24. Quels sont les autres devoir d'un chef de poste.

25. Quels sont les devoirs d'un chef de poste pendant la nuit.

26. S'il a été donné l'ordre à un chef de poste d'envoyer un soldat d'ordonnance pour conduire la nouvelle garde au poste, à quel moment doit-il l'envoyer et quelle doit être la tenue de cet homme.

27. Quand, par exception, une garde de police ou un piquet est établi dans un poste concurremment avec une garde de la place, quel est le chef de poste qui prend le commandement.

28. Quelle surveillance doit exercer le chef de poste relativement à la tenue des hommes de garde.

*29. Quelles sont les mesures que doit prendre un chef de poste en vue du maintien de l'ordre public.

*30. Quels sont les devoirs d'un chef de poste en cas de réquisition de la part d'une autorité quelconque.

*31. Quels sont les devoirs d'un chef de poste lorsqu'il est appelé par les circonstances à opérer une arrestation.

*32. Si un inconnu réclamait l'assistance de la garde pour faire arrêter une autre personne, en raison d'un dommage ou d'un délit qui ne serait pas apparent et bien constaté, que doit faire le chef de poste.

*33. Que doit-on faire des individus arrêtés.

34. Quand le bureau de la place ou du commissaire de police est fermé, quelles sont les dispositions à prendre à l'égard des individus arrêtés pendant la nuit.

35. N'y a-t-il pas des prescriptions spéciales en ce qui concerne les individus arrêtés en état d'ivresse.

*36. Quand des rassemblements se sont formés à l'occasion d'une arrestation, et si, d'après les dispositions de la foule, le chef de poste juge que les personnes arrêtées ne peuvent être conduites avec sûreté par la force à ses ordres, que doit-il faire.

*37. Quelle est la responsabilité des chefs de poste quant au maintien de l'ordre public.

*38. Quelles sont les autorités civiles qui ont le droit de faire des réquisitions.

39. Comment doivent être faites les réquisitions.

40. Les chefs de poste ont-ils la liberté d'adopter telles dispositions qu'ils jugent convenables.

***11**. Que doit faire un chef de poste lorsqu'il est informé que des désordres d'une nature sérieuse, causés par des militaires ou dont des militaires seraient victimes, se produisent dans un cabaret, un café ou tout autre lieu public, dans une maison particulière.

***12**. Quelles sont les règles auxquelles le chef de poste doit se conformer pour faire conduire des personnes arrêtées ou faire escorter des prisonniers.

13. Quelles dispositions militaires les escortes doivent-elles prendre.

14. Quelles sont les précautions que les escortes doivent prendre pendant la marche.

15. Quel est l'effectif que ne peuvent dépasser les chefs des gardes ou piquets pour la composition des escortes.

16. Que doivent faire les chefs de poste en cas d'évasion.

* **17**. Quels sont les devoirs des chefs de poste en cas d'alarme ou de trouble.

* **18**. Que doit faire le commandant de la garde en cas d'attaque.

* **19**. Quels sont les devoirs d'un chef de poste en cas d'incendie.

50. Quelles sont les consignes particulières des chefs de poste préposés à la garde des portes.

51. Quelles dispositions particulières doivent prendre les chefs des postes préposés à la garde des portes, les jours de marché.

52. Quand les chefs de poste doivent-ils envoyer leur rapport au bureau de la place et que doit contenir ce rapport.

53. De quelle nature sont les punitions infligées aux hommes de garde.

Devoirs des caporaux et sergents de garde qui ne sont pas chefs de poste, 80-87.

54. Quels sont les devoirs du sergent de garde placé sous les ordres d'un officier.

55. Lorsqu'il y a plusieurs caporaux dans un poste, comment se partagent-ils le service.

* 56. Quels sont les devoirs particuliers du caporal de consigne.

* 57. Que doit faire le caporal de consigne en prenant possession de son poste.

* 58. Quels sont les premiers soins du caporal de consigne dès que la garde a rompu les rangs.

* 59. Quels sont les devoirs particuliers du caporal de pose.

* 60. Que doit faire le caporal de pose aussitôt que la garde est arrivée au poste.

61. Quelles règles doit-on suivre pour placer les sentinelles.

62. Quelle est la durée des factions.

63. Comment le caporal du pose doit-il aller relever les sentinelles.

64. Comment et dans quel ordre sont relevées les sentinelles.

65. Comment les sentinelles relevées sont-elles ramenées au poste.

66. Place-t-on quelquefois des sentinelles d'augmentation.

67. Quels sont les devoirs des sergents et caporaux commandant les postes détachés.

Devoirs des sentinelles, 88-94.

* 68. Quelles sont les consignes générales des sentinelles.

69. S'il arrive qu'une sentinelle ait besoin de se faire relever, que fait-elle.

70. Si un individu dont la sûreté est menacée se réfugie auprès d'une sentinelle, que doit-elle faire.

71. Combien les sentinelles ont-elles d'alertes. Que fait une sentinelle lorsqu'elle aperçoit un incendie.

* **72.** Que fait une sentinelle lorsqu'elle entend du bruit, voit commettre un délit ou du désordre, lorsqu'un individu est poursuivi par la clameur publique.

* **73.** Comment les sentinelles rendent-elles les honneurs.

* **74.** Quels sont les devoirs des sentinelles placées devant les armes.

75. Quelles sont les consignes particulières des sentinelles pendant la nuit.

76. Que font les sentinelles, lorsqu'après avoir crié deux fois : halte-là ! on continue à s'avancer sans leur répondre.

77. Quelles sont les consignes des sentinelles placées aux portes.

78. Lorsqu'une voiture se casse sur un pont, que fait la sentinelle.

* **79.** Quels sont les devoirs généraux des sentinelles des gardes de police.

* **80.** Que doit faire une sentinelle lorsqu'elle est insultée ou frappée par un militaire ou par un individu quelconque.

Du mot. 93.

81. De quoi se compose le mot. Lorsque les chefs de poste ont reçu le mot, que font-ils.

Des patrouilles, des rondes et de la visite des postes, 97-108.

82. Quand se font les patrouilles et quel est leur parcours.

83. Par qui les patrouilles sont-elles commandées.

84. Quelles sont les dispositions relatives aux patrouilles que les postes doivent faire pendant la nuit.

85. Comment s'assure-t-on que les patrouilles ont été faites exactement et dans l'ordre prescrit.

86. Quels sont les devoirs des patrouilles.

87. Comment une patrouille est-elle reconnue par un poste.

88. Si le mot d'ordre n'est pas celui qui a été donné, que doit faire le caporal.

89. Si la troupe armée ne s'arrêtait pas au cri : halte-là ! que devrait faire la sentinelle placée devant les armes.

90. Comment les sentinelles qui ne sont pas devant les armes reconnaissent-elles les patrouilles.

91. Lorsqu'une patrouille a été reconnue par la sentinelle placée devant les armes, que fait le chef de patrouille.

92. Lorsque deux patrouilles se rencontrent, comment se reconnaissent-elles.

93. Lorsque, pendant la nuit, une troupe passe à portée d'un poste ou d'une sentinelle isolée, que fait-on.

94. Quelles précautions doit prendre le chef d'une troupe qui sort des casernes pendant la nuit.

95. Combien y a-t-il de sortes de rondes. Comment doit-on reconnaitre les différentes rondes.

96. Lorsque deux rondes se rencontrent, comment se reconnaissent-elles.

97. Indépendamment des rondes de nuit, les postes ne sont-ils pas visités pendant le jour.

98. Comment doit-on reconnaitre l'officier supérieur de visite.

De la police militaire dans les places, 111-120.

99. Que doivent faire les militaires ou assimilés qui n'ont pas rang d'officier, lorsqu'ils arrivent dans une place.

100. Quelles sont les dispositions qui sont prises à l'égard des maisons de jeu, des cabarets et des filles publiques.

101. Les troupes peuvent-elles être consignées dans la place et dans les casernes.

102. Quelles précautions une troupe en armes doit-elle prendre lorsqu'elle est en marche. Comment l'alarme est-elle annoncée aux troupes.

Des punitions, 128.

103. A qui les sous-officiers et les caporaux des corps de troupe doivent-ils rendre compte des punitions qu'ils infligent à des militaires d'autres corps.

Des exécutions, 130-131.

104. Comment s'opère une exécution à mort.

105. Comment s'opère l'exécution d'un jugement entraînant la dégradation.

106. Comment s'opère une exécution lorsque le jugement porte condamnation à la peine des travaux publics.

Surveillance sur les corps de garde, 135.

107. Quelles sont les dispositions relatives aux allocations de chauffage et d'éclairage des corps de garde. Quelle est la responsabilité des chefs de poste à l'égard du mobilier et des effets des corps de garde.

Surveillance sur les hôpitaux, 138.

108. Lorsqu'un poste est préposé à la garde d'un hôpital, quels sont les devoirs spéciaux du chef de poste.

Surveillance sur les prisons militaires, 152.

109. Quelles sont les réquisitions auxquelles doit déférer la garde de la prison militaire.

Troupes en route, 164.

110. Lorsqu'une troupe de passage ou en garnison quitte une place pour n'y plus revenir, quelle attention doivent avoir les chefs des postes placés aux portes.

Cas où les troupes doivent faire usage de leurs armes, 178.

* **111**. Dans quel cas les troupes doivent-elles faire usage de leurs armes pour le rétablissement de l'ordre.

112. Comment procède-t-on pour faire les sommations.

TITRE IV.

De l'état de guerre.

—

Du service et de la police dans l'état de guerre,
190-194.

113. Quelles sont les dispositions particulières qui concernent la fermeture et l'ouverture des portes dans l'état de guerre.

114. S'il se présente à un poste un parlementaire venant de l'ennemi, que doit faire le chef de poste.

115. Lorsque des déserteurs venant de l'ennemi demandent à entrer dans la place, que fait le chef du poste avancé. S'il se présente aux portes des voitures couvertes, que fait le chef de poste.

116. Qu'entend-on par limites de la garnison et comment sont-elles indiquées.

TITRE VIII.

Honneurs militaires.

—

Honneurs à rendre par les troupes, 265-282.

117. Quels sont les honneurs qu'une troupe en marche doit rendre au président de la République.

118. Lorsque deux troupes en armes se rencontrent, que doivent-elles faire.

*   **119.** Que doit faire une troupe lorsqu'elle passe devant un poste.

*   **120.** Lorsqu'une troupe en marche ou arrêtée rencontre un officier général, que doit-elle faire.

121. Lorsqu'une troupe se trouve en présence d'une manifestation extérieure d'un culte reconnu par l'Etat ou en présence d'un convoi funèbre, que doit-elle faire.

*   **122.** Quels sont les honneurs à rendre aux drapeaux et étendards de régiment.

*   **123.** Que doit faire tout commandant d'une troupe en marche qui rencontre un supérieur du grade d'officier.

Honneurs à rendre par les postes, gardes et piquets, 284-293.

124. Quels sont les honneurs que les postes doivent rendre au président de la République.

125. Au sénat, à la chambre des députés, au conseil d'Etat, etc., aux présidents du sénat et de la chambre des députés, aux ministres, aux maréchaux ou amiraux, aux généraux de division commandant en chef une ou plusieurs armées, aux vice-amiraux pourvus d'une commission de commandement d'amiral, aux généraux de division gouverneurs de Paris ou de Lyon, aux généraux de division commandant un corps d'armée, aux vice-amiraux commandant en chef à la mer ou préfets maritimes.

126. Aux cours d'appel en corps ou en députation, en costume officiel ; aux généraux de division ou aux vice-amiraux.

127 Aux préfets en uniforme, aux cours d'assises en costume officiel ; aux généraux de brigade et contre-amiraux.

128. Aux majors généraux de la marine qui ne sont pas contre-amiraux, aux commandants d'armes qui ne sont pas officiers généraux, aux tribunaux de première instance, corps municipaux, corps académiques, tribunaux de commerce réunis en costume officiel ou revêtus de leurs insignes.

129. Quels honneurs doivent rendre les gardes de police.

130. Quels honneurs doivent rendre les piquets.

131. Quels honneurs les postes rendent-ils aux troupes en armes. Quand les gardes mettent-elles la baïonnette au canon.

Honneurs à rendre par les sentinelles et plantons, 294-298.

132. Quelle est la règle générale concernant les honneurs à rendre par les sentinelles.

133. A qui doivent-elles présenter les armes.

* **134.** A qui doivent-elles porter les armes.

* **135.** Pour qui doivent-elles conserver l'immobilité sous les armes.

* **136.** Lorsque les plantons et ordonnances passent devant un officier ou une troupe en armes, que doivent-ils faire.

Salut, 312.

137. A qui doit-on le salut.

Qu'est salut.

Honneurs funèbres militaires, 313-335.

137. Quelle est la composition des détachements commandés pour rendre les honneurs funèbres.

138. Les militaires de la réserve et de l'armée territoriale ont-ils droit aux mêmes honneurs que ceux de l'armée active.

139. Quel est le service des troupes commandées pour rendre les honneurs funèbres aux personnes autres que les militaires et marins décédés en activité.

140. Quel est le service des troupes commandées pour rendre les honneurs funèbres aux militaires décédés en activité.

142. Que font les troupes lorsqu'elles sont arrivées au cimetière. Comment se porte le deuil de famille.

Prescriptions spéciales et principes relatifs aux honneurs, 341-350.

143. Les honneurs militaires se rendent-ils la nuit.

144. Les honneurs militaires se cumulent-ils.

145. Les intérimaires ont-ils droit aux mêmes honneurs que les personnes qu'ils remplacent.

146. Les honneurs militaires sont-ils dus aux militaires des armées étrangères.

7ᵉ SERVICE EN CAMPAGNE

Instruction pratique du 4 octobre 1875.

—

Prescriptions générales.

1. Quel est l'objet de l'instruction pratique sur le service en campagne. Quelles sont les parties de cette instruction que doivent posséder les caporaux et élèves. Où fait-on l'application des connaissances théoriques acquises.

2. Dans les exercices pratiques, qu'entend-on par : ennemi supposé, figuré ou représenté.

3. Quel est l'avantage de la représentation de l'ennemi.

4. Quelle est la mission des gradés à l'égard de la troupe spectatrice.

5. Comment doivent se distinguer les deux partis, quand l'ennemi est représenté ou figuré. À quelle distance l'une de l'autre doivent se maintenir les troupes adverses. Est-il permis de faire des prisonniers. Que deviennent les hommes isolés ou les détachements considérés comme prisonniers.

6. Quelle est la recommandation à faire aux sentinelles et aux éclaireurs, lorsqu'il est distribué des cartouches. Les sonneries sont-elles autorisées. Que signifient les sonneries : *Halte !* et *En avant !* précédées du *Garde à vous !*

Exercices préparatoires. Connaissance du terrain, orientation. définitions.

7. Qu'appelle-t-on : terrain découvert, couvert, accidenté, ondulé, uni.

8. Qu'appelle-t-on plaine, vallée, fond de la vallée, ravin, bas-fond, col, défilé, hauteurs.

9. Qu'appelle-t-on fleuve, rivière, ruisseau, source, rive droite, rive gauche.

10. Qu'appelle-t-on gué. Quelle profondeur ne doit pas dépasser un gué pour être franchissable. Qu'appelle-t-on pont et quelles en sont les parties principales ; marais, étang.

11. Comment sont classées les routes. Comment s'appellent le milieu et les bords d'une route.

12. Quand dit-on qu'une route est encaissée ou en déblai, en chaussée ou en remblai, de niveau, en corniche.

13. Que faut-il considérer dans l'examen d'un chemin de fer.

14. Qu'appelle-t-on bois, bosquet, forêt, taillis, fourré, clairières, lisière d'un bois ou d'une forêt.

15. Comment classe-t-on les lieux habités. Quels sont les objets saillants qu'il convient de remarquer à la surface du sol.

16. Qu'entend-on par : front d'une troupe, flanc, aile, centre, derrières, profondeur.

17. Quand dit-on qu'on est orienté. Comment s'oriente-t-on pendant le jour.

18. Comment s'oriente-t-on pendant la nuit.

19. Quels sont les divers indices à l'aide desquels on peut s'orienter, le jour ou la nuit.

PREMIÈRE PARTIE.

CHAPITRE PREMIER

Principes généraux, 1.

20. Qu'appelle-t-on avant-postes et quel est leur rôle.

21. En combien de parties se divise le service des avant-postes. Combien de lignes comprend la partie fixe. Expliquer le rôle de chacune de ces lignes et donner la distance qui existe entre les divers échelons; la force de chaque échelon.

22. Que comprend la partie mobile du système d'avant-postes. Combien y a-t-il de sortes de patrouilles et quel est le rôle et la force de chacune d'elles. Quel est le rôle des rondes.

23. Quelle est la durée du service d'une compagnie aux avant-postes; des petits postes; des sentinelles. Quelles dispositions prennent les avant-postes, en cas de départ des troupes. Une troupe aux avant-postes rend-elle les honneurs.

CHAPITRE II.

Sentinelles, 2-9.

24. Quel est l'objet principal des sentinelles et sur quels points les place-t-on. Comment sont-elle placées les unes par rapport aux autres.

25. Comment les sentinelles explorent-elles le terrain et se relient-elles. Comment se reconnaissent-elles.

26. Les sentinelles en arrière de la première ligne sont-elles doubles. Par qui sont placées les sentinelles la première fois. A qui se relient les sentinelles des ailes.

27. Quand et comment se fait le relèvement des sentinelles. Quelle est la consigne qu'une sentinelle relevée donne à celle qui la remplace.

28. Comment les sentinelles exercent-elles leur surveillance. Les armes des sentinelles sont-elles toujours chargées. Rendent-elles les honneurs. Quelle doit être leur attitude.

29. Quels sont les indices que les sentinelles recherchent et observent particulièrement. Que font-elles, quand elles ont recueilli quelque indice.

30. Comment agissent les sentinelles à l'égard des personnes qui se présentent pour franchir la ligne des avant-postes.

31. Comment agissent les sentinelles à l'égard des déserteurs.

32. Comment agissent les sentinelles à l'égard des parlementaires.

33. Comment agissent les sentinelles lorsqu'elles découvrent l'ennemi.

34. Quelles positions et quelles précautions prennent la nuit les sentinelles pour mieux exercer leur surveillance.

35. Qui peut franchir, la nuit, la ligne des sentinelles. Quelle conduite doit tenir une sentinelle à l'égard de tout individu qui tenterait de franchir la ligne.

36. Quelle conduite tiennent les sentinelles, si l'on entend des coups de feu.

37. De quelle manière les sentinelles reconnaissent-elles une troupe, une ronde ou une patrouille, et qui doivent-elles avertir lorsqu'une troupe armée s'approche.

38. Comment agit une sentinelle à l'égard d'une troupe rentrant dans les lignes sans avoir connaissance du mot.

39. A proximité de l'ennemi, par quoi remplace-t-on les cris de : *Halte là !* et de : *Qui vive !* Comment se reconnaissent les sentinelles.

CHAPITRE III.

Petits postes, 10-15.

10. Où est établi le petit poste.

11. Par qui et quand est relevé le petit poste.

12. De qui le chef du petit poste reçoit-il des instructions. Sur quoi portent ces instructions et quelles dispositions prend-il pour les bien comprendre et ne pas les oublier. Qui lui donne le mot.

13. Quelles sont les dispositions que prend le chef d'un petit poste : pour conduire sa troupe sur le terrain à occuper ; pour placer ses sentinelles et quelles instructions leur donne-t-il.

14. Quelles dispositions prend le chef d'un petit poste pour placer définitivement son poste et quels rapports fait-il après l'établissement.

15. Quelle est la consigne des hommes au petit poste.

16. Quelle conduite doit tenir un chef de petit poste : à l'égard des personnes venant de l'intérieur et munies d'un laissez-passer ; à l'égard des personnes venant de l'extérieur et arrêtées par les sentinelles.

17. Quelle conduite doit tenir un chef de petit poste à l'égard : des déserteurs ; des parlementaires.

18. Quelle conduite doit tenir un chef de petit poste, en cas de découverte de l'ennemi.

49. Quelles dispositions prend un chef de petit poste qui change la position de son poste pendant la nuit. Quelle attitude garde le petit poste pendant la nuit.

50. Dans quels cas établit-on des postes de quatre hommes. Qui commande ces petits postes et comment sont disposées les sentinelles.

51. Comment le chef d'un poste de quatre hommes maintient-il ses communications avec les postes voisins. Quand la sentinelle est-elle relevée, et quelle est la consigne des hommes de ce poste.

52. Quels sont les avantages et les inconvénients du système des postes de quatre hommes. Par quel échelon sont fournies, dans ce cas, les patrouilles rampantes.

CHAPITRE VII

Postes détachés. 26.

53. Dans quels cas établit-on des postes détachés.

54. Qui commande les postes détachés ; qui les fournit ; comment se gardent-ils.

55. Comment, pendant la nuit, peut-on augmenter le rayon de surveillance des avant-postes. Quelle conduite tiennent ces postes détachés, pendant leur service de nuit.

CHAPITRE VIII.

Patrouilles et rondes, 27-29.

56. Quels sont l'objet et la composition, le service des patrouilles.

57. Qui envoie les patrouilles rampantes; quel est leur service, leur composition.

58. Qui envoie les patrouilles ordinaires. En quoi consiste leur service. Quelle est leur composition. Qui les commande.

59. Qui envoie les patrouilles de reconnaissance. En quoi consiste leur service. Quelle est leur composition et qui les commande.

60. Envoie-t-on des patrouilles la nuit.

61. Quelles dispositions préliminaires prend celui qui envoie une patrouille et quelles sont les instructions qu'il donne à son chef.

62. Quelles sont les prescriptions à observer par une patrouille rampante, et autres patrouilles pendant la marche de jour et de nuit.

63. Quelles sont les instructions données par un chef de patrouille à ses hommes.

64. Quelles sont les prescriptions à observer par une patrouille: en approchant de l'ennemi, en apercevant une troupe en marche, en rencontrant l'ennemi en force, en entendant le cri de : Qui vive! poussée par une sentinelle ennemie.

65. Quel est le rayon d'exploration des patrouilles rampantes; des patrouilles ordinaires; des patrouilles de reconnaissance. Quand fait-on usage des unes et des autres.

66. Quand on envoie des patrouilles, quelles précautions prend-on pour éviter une méprise au

retour. Comment deux patrouilles se reconnaissent-elles.

67. Quel est le compte rendu à faire par les
chefs de patrouille, à leur rentrée.

68. Quel est le rôle des rondes : par qui sont-
elles faites ; quel est leur rayon de surveillance ;
comment se reconnaissent-elles entre elles.

CHAPITRE IX.

Avant-postes irréguliers, 30.

69. Quel est l'objet des avant-postes irrégu-
lier ; leur service ; leur inconvénient.

DEUXIÈME PARTIE, SERVICE DE MARCHE.

CHAPITRE Ier.

Principes généraux, paragraphes 36, 37, 38, 40.

70. Comment se garde une troupe qui marche, en présence ou dans le voisinage de l'ennemi.

71. Quelles formations prennent les troupes
en marche. Quelle est la distance qui sépare les
compagnies.

72. Quelle est la vitesse de la marche.

73. Quel est l'ordre, la discipline à observer
pendant la marche, par les soldats.

74. Quel est le rôle du détachement de police
pendant la marche. Quels honneurs rend une
troupe en marche.

75. Quand se font les haltes et quelle est leur

durée. Que font les soldats à la **sonnerie** de halte. Quelle formation prend la troupe, pour une grande halte, loin de l'ennemi.

76. Quelle conduite tiennent à l'égard d'un guide, les hommes chargés de le surveiller.

77. Quelle conduite tiennent deux troupes qui se rencontrent ; qui se croisent ; qui marchent dans la même direction ; celles qui rencontrent les équipages d'une troupe qu'elles ont laissé passer ; celles qui croisent des équipages.

78. Quelles sont les règles à observer pendant les marches de nuit.

CHAPITRE II.

Ordre de marche d'une compagnie d'infanterie ; composition et distance des divers échelons, 42.

*** 79.** Quel est l'ordre de marche d'une compagnie d'infanterie.

*** 80.** Donner la composition et la distance des divers échelons.

Rôle de la pointe et de la tête d'avant-garde, 42-58.

*** 81.** Quel est le rôle de la pointe d'avant-garde.

82. .. .. s'il se présente des obstacles ; des hauteurs.

83. ..... des défilés, des ponts.

84. ..... des bois.

85. ..... des lieux habités.

86. ..... des personnes isolées.

87.... . des troupes amies ; des troupes ennemies.

 ***88**. Quel est le rôle de la **tête** d'avant-
garde :

89..... s'il se présente des obstacles.

90..... des hauteurs.

91..... des bois.

92..... des lieux habités.

93..... des personnes isolées.

94..... des troupes ennemies.

Halte-gardée, 60.

95. Quand prend-on la position de halte-garde;
comment est elle disposée.

De l'arrière-garde, 63-64.

 ***96**. Quel est le rôle de l'arrière-garde ; sa
composition. sa distance du corps principal, son
dispositif pendant la marche et pendant une
halte-gardée.

Marche en retraite.

 ***97**. Quel est le rôle de l'arrière-garde pen-
dant une marche en retraite ; la conduite à tenir
vis-à-vis de l'ennemi.

***

TROISIÈME PARTIE.

Cantonnements-Bivouacs.

***

CHAPITRE 1er.

Définitions. 75.

98. Qu'appelle-t-on cantonnements. bivouacs,
camps et campements.

99. Quelle est la composition du campement d'un régiment.

100. Comment sont couvertes les troupes aux cantonnements, aux bivouacs.

A quelle distance de l'ennemi les troupes peuvent-elles être cantonnées ; doivent-elles être bivouaquées.

101. A qui appartient le commandement du cantonnement, bivouac ou camp. Qui protège le campement en pays hostile.

CHAPITRE II.

Cantonnements, 75-82.

102. Combien y a-t-il de sortes de cantonnements.

103. Comment s'opère l'installation des troupes au cantonnement.

104. En quoi consiste l'ordre donné avant l'établissement au cantonnement.

105. Quel est le service de la garde de police.

* **106**. Comment se fait le service dans les cantonnements. Quels sont les devoirs des sous-officiers, caporaux et soldats dans les cantonnements. Quels sont les droits dans le logement.

107. Comment se font les distributions.

* **108**. Quels sont les devoirs des sous-officiers, caporaux et des soldats, en cas d'alerte.

CHAPITRE III.

Bivouacs, 88-89-90.

109. Quelle est la composition du poste que détache la garde de police, d'un bataillon isolé, d'un régiment ; à quelle distance est-il placé ; quel est son objet.

110. Pour un bivouac en colonne d'un bataillon isolé, combien la garde de police fournit-elle de factionnaires et ou sont-ils placés.

111. Pour un bivouac en colonne d'un régiment.....

112. Pour un bivouac en ligne d'un bataillon isolé.....

113. Pour un bivouac en ligne d'un régiment.....

114. Quelle est la consigne générale des sentinelles et celles particulières à quelques-unes.

115. Comment s'abritent et se réchauffent les hommes de garde.

116. Fait-on des sonneries au bivouac. Quels sont les devoirs du commandant de la garde de police. Lorsqu'on doit lever le bivouac, que devient la garde de police.

117. Quelles sont les prescriptions générales pour le service et les distributions, les appels, la garde de police, la responsabilité des gradés, la surveillance des faisceaux pendant la nuit.

* **118.** Quels sont les devoirs de chacun en cas d'alerte. Que fait la garde de police. Quelles sont les défenses faites pour éviter toute fausse alerte.

8º LECTURE RAISONNÉE DU LIVRET
INDIVIDUEL

Livret en mains.

1. Donner d'une façon générale l'objet du livret individuel.

2. Donner et expliquer les inscriptions portées sur la couverture du livret.

3..... sur les deux premières feuilles non numérotées.

4....... sur la page 1.

5....... sur la page 2.

6....... sur la page 3.

7....... sur les pages 4, 5 et 6.

8....... sur la page 7.

9...... sur la page 8.

10..... sur la page 9.

11..... sur les pages 10, 11 et 12.

12..... sur la page 13.

13.... sur les pages 14 à 17.

14..... sur les pages 22 et 23.

15.... sur les pages 24 et 25.

16..... sur les pages 26 à 44 avec la définition et l'objet de la masse individuelle.

17. Comment la masse individuelle est-elle constituée et alimentée.

18. Quelles sont les recettes éventuelles de la masse individuelle.

19. Donner la nomenclature, la durée, le mode de remplacement des effets de petit équipement.

20. Comment se fait l'inscription des recettes et des dépenses sur le livret individuel.

21. Comment se font les arrêtés du livret individuel.

22. Comment se fait le payement du décompte ou excédent du complet de la masse individuelle.

23. Comment se fait la liquidation des comptes de la masse individuelle.

24. Donner et expliquer les inscriptions portées aux pages 45 à 48.

25..... pages 49 à 54.

26. De quoi se compose le fascicule annexé au livret.

27. Expliquer l'ordre de route.

28..... les récépissés du livret.

29..... la feuille spéciale aux appels pour les exercices ou manœuvres.

9° OBLIGATIONS MILITAIRES DES DISPONI-
BLES, DES RÉSERVISTES, DES HOMMES DE
L'ARMÉE TERRITORIALE ET DE LA RÉSERVE.

On se servira du questionnaire du commandant Poirot, en numérotant les demandes (91), y compris celles qui sont relatives au livret individuel et qu'on peut utilement maintenir.

10° MANŒUVRE DU CANON

(Instruction pratique.)

Circulaire du 16 septembre 1871.

11° MANŒUVRES DES POMPES A INCENDIE

Instruction pratique.)

Instruction du 19 février 1875.

DEUXIÈME PARTIE

DU QUESTIONNAIRE

Questionnaire sur l'instruction complémentaire que doivent recevoir les élèves les plus in-telligents.

1° MANŒUVRES

(Instruction pratique. — Pour mémoire.)

Titre III. — Ecole de compagnie. — 1re par-tie. Chapitre 1er. — 2e partie.

CHAPITRE 1er.

ARTICLE 1er.

Titre IV. — Ecole de bataillon. — Fonctions de guide.

Titre V. — Place des sous-officiers dans les revues et défilés.

2° RÈGLEMENT SUR L'INSTRUCTION DU TIR

PREMIÈRE PARTIE.

CHAPITRE IV.

Appréciation des distances, 127-150.

2. A quoi sert l'appréciation des distances. Quels sont les moyens d'appréciation des distan-ces.

* **2**. Quel est l'objet de l'étalonnage du pas. Quels sont les moyens à employer pour enseigner aux hommes à mesurer les distances au pas. Quelle est l'erreur tolérée dans la mesure des distances.

* **3**. Sur quoi est basée l'appréciation des distances à la vue. Quels sont les moyens employés pour enseigner l'appréciation des distances à la vue, jusqu'à 400 mètres.

* **4**..... entre 400 et 600 mètres.

* **5**. Sur quel principe repose l'appréciation des distances au son. Quelle est l'utilité de cette appréciation.

* **6**. Quels sont les moyens à employer pour enseigner l'appréciation des distances au son. Quelle est l'erreur admise dans ces appréciations jusqu'à 1,000 mètres.

* **7**. Jusqu'à quelles distances les sous-officiers sont-ils exercés à l'appréciation des distances. Par quels moyens apprécient-ils les distances, à partir de 1,000 à 1,200 mètres.

* **8**. Comment apprécie-t-on les distances devant l'ennemi.

CHAPITRE V.

Exercices de tir. (Article IV.)

Tirs individuels 168-173.

9. Comment se divisent les tirs individuels. Comment s'exécutent les tirs préparatoires.

* **10**. Comment s'exécutent les tirs d'instruction.

* **11**. Comment sont marqués les points jus-qu'à 600 mètres.

12. Comment s'exécute le tir individuel à commandement à 100 mètres.

Tirs d'application, 176-177.

13. Quel est l'objet des tirs d'application.

14. Sur quels buts tire-t-on et comment s'exécutent ces tirs.

15. Comment s'exécutent ces tirs, en terrain varié.

16. Quels sont les tirs exécutés par les adju-dants et les sergents-majors.

Les 9 questions précédées d'un astérisque peu-vent être répétées pour compléter les 25 séries.

3' RÈGLEMENT SUR LE SERVICE DES PLACES

Ce qui concerne les sous-officiers dans l'extrait dudit Règlement.

TITRE Ier

Des différents états dans lesquels les places de guerre peuvent se trouver, 1.

1. Qu'appelle-t-on place de guerre. Quels sont les différents états dans lesquels les places de guerre peuvent se trouver.

TITRE II

Du commandement des places de guerre et des villes de garnison, 3-5.

2. Combien y a-t-il de services distincts à

considérer dans les places de guerre. Par qui
est dirigé le service de défense.

TITRE III

État de paix, 8.

2. Qu'entend-on par état de paix.

*Du service des troupes dans les places et les villes
de garnison, 40-47.*

4. Quelles sont les règles pour commander le
service dans les corps.

5. Combien y a-t-il de différents tours de
service. Que comprend le premier tour.

6. Que comprend le deuxième tour, le troisième.

7. Comment est réglé le nombre des hommes
à fournir par chaque corps. Comment est déter-
minée la force des postes.

8. Quelles sont les règles à observer pour
commander le service.

9. Par qui est exercé le commandement des
fractions constituées.

10. Quels sont les services individuels des
sous-officiers.

11. Quand les services contremandés sont-ils
censés faits.

Nature et objet des différents services, 49-51.

12. Par qui est déterminé la force des gardes.
Qu'est-ce que le piquet.

13. De quelle manière s'assure-t-on de la

présence des hommes qui composent le piquet. Comment s'opère le rassemblement du piquet pendant la nuit.

Du mot et de la retraite, 95-96.

14. Comment le mot est-il transmis. Comment la retraite est-elle battue.

Des rondes, 102-109.

15. Comment est réglé le service de ronde. De qui les sous-officiers de ronde reçoivent-ils le mot.

16. Où prend-on le falot de ronde et par qui est-il porté. Quels sont les officiers qui peuvent faire à cheval le service de ronde.

17. Quels sont les devoirs des sous-officiers de ronde.

18. Comment s'assure-t-on que les rondes ont été faites exactement et à l'heure prescrite. Les sous-officiers commandés pour le service des rondes et patrouilles sont-ils dispensés des devoirs du service ordinaire.

De la police militaire dans les places, 114.

19. Quelles sont les dispositions prises pour que les militaires qui assistent au spectacle y respectent le bon ordre et y observent les règles de police intérieure.

Des pavillons, 127.

20. Lorsque les sous-officiers de la garnison employés dans un service de place ont puni un militaire pour une infraction aux consignes générales de police, à qui en rendent-ils compte.

Surveillance sur les hôpitaux, 140-141.

21. Quels sont les devoirs du sous-officier de planton à l'hôpital.

22. Quand les médecins des hôpitaux prescrivent des promenades pour les malades, qui est-ce qui est chargé de les conduire.

Surveillance sur les prisons militaires, 147.

23. Quelles sont les fonctions du planton à la prison.

TITRE IV

État de guerre, 190.

21. Comment est déclaré l'état de guerre.

TITRE V

État de siège, 206.

25. Dans les places assiégées, combien y a-t-il de tours de service.

4° SERVICE INTÉRIEUR

Ce qui concerne les sous-officiers dans l'extrait dudit règlement.

TITRE 1er

Service de semaine, 48-49.

1. Quels sont les devoirs de l'adjudant de compagnie à l'appel du soir, de l'adjudant de semaine.

* **2**. Comment se rend l'appel pour les divers rassemblements. — Par qui sont réunies des fractions de différentes compagnies qui doivent être rassemblées pour un service commun.

Officiers de compagnie, 83-85.

3. Comment le capitaine touche-t-il le prêt de la compagnie.

4. Que deviennent les effets des sous-officiers, caporaux et soldats absents ou décédés. Quels sont les agents du capitaine en ce qui concerne l'administration et la comptabilité.

* **5**. Comment se fait le rassemblement quotidien de la compagnie.

Troupe. — Adjudant, 116-134.

6. Quelles sont les fonctions de l'adjudant, les attributions générales de l'adjudant de bataillon. Par qui est-il remplacé en cas d'absence.

7. Quels sont les devoirs généraux de l'adjudant de semaine.

8. Quelle est sa responsabilité relativement aux batteries et sonneries.

9. Quels sont ses devoirs relativement aux ordres et décisions à communiquer.

10. Quels sont ses devoirs aux appels du matin et du soir.

11..... après l'appel du soir.

12..... relativement à la propreté du quartier

13..... à l'égard des consignés et détenus.

14..... à l'égard des officiers supérieurs qui viennent au quartier. De qui est-il l'auxiliaire pour la surveillance des écuries.

15. Quels sont les devoirs généraux de l'adjudant de compagnie.

16. Quel est le livret qu'il tient. — Quels sont ses devoirs aux appels du matin et du soir. — Peut-il faire un contre-appel dans sa compagnie.

17. Quels sont ses devoirs à la garde montante, aux divers rassemblements. — Au rassemblement quotidien de la compagnie.

18. .... à l'égard des officiers punis. — Relativement aux corridors et escaliers. Par qui est-il remplacé en cas d'absence.

Sergent-major, 135-145.

19. Quels sont les devoirs généraux du sergent-major.

20. Quelle vérification a-t-il à faire à son entrée en fonctions.

21. Comment touche-t-il le prêt.

22. Quels sont ses devoirs relativement à la comptabilité de la compagnie.

23. Quelles mesures prend-il relativement aux effets bourgeois des recrues et des réservistes.

24. ..... aux effets des hommes absents, déserteurs ou décédés.

25. Quels sont les listes et placards qu'il fait afficher dans les chambres.

26. Quels sont ses devoirs relativement aux ordinaires suivant les deux modes de gestion.

27 Quelles sont les prescriptions qu'il observe relativement à la visite des malades et des hommes rentrés de position d'absence.

28. Par qui est-il remplacé en cas d'absence.

Sergents, 146-162.

* **29.** Quelles sont les fonctions générales des sergents.

* **30**. Quel sont les devoirs généraux du sergent de section.

* **31**. Quel est le livret qu'il tient.

* **32**. Quel sont ses devoirs relativement à la surveillance des chambrées, des effets d'habillement et de literie.

* **33**. Quels sont ses devoirs relativement à l'hygiène des hommes.

* **34**..... aux divers rassemblements.

* **35**. Quel est le rapport qu'il doit faire à l'officier de peloton.

* **36**. Par qui est-il remplacé, en cas d'absence.

* **37**. Quels sont les devoirs généraux du sergent de semaine.

* **38**. Quels sont ses devoirs relativement aux appels du matin et du soir.

* **39**..... à la visite du médecin.

* **40**..... aux divers rassemblements.

* **41**..... à l'inspection des hommes de service, garde montante, détachements, piquet.

42..... à la remise des lettres chargées et mandats.

* **43**..... aux détenus et malades à l'infirmerie; à la propreté du quartier; dans le cas où il est forcé de s'absenter, par qui est-il remplacé.

Fourrier, 163-168.

* **14**. Quels sont les devoirs généraux du fourrier.

15. Quels sont ses devoirs relativement aux distributions.

16..... aux registres d'ordres.

17. Quels sont les devoirs généraux du fourrier de semaine,

48. Quelles sont les fonctions des fourriers de semaine des bataillons.

49. Quelles sont les fonctions spéciales du fourrier secrétaire.

50..... du fourrier d'ordre.

51..... du fourrier d'hôpital.

52..... du fourrier adjoint.

Petit état-major et section hors rang, 197-205.

53. En dehors de ses fonctions spéciales quel service fait l'adjudant-vaguemestre, le sergent garde-magasin.

54. En combien d'escouades se divisent les soldats de la section hors rang et qui les commande. En dehors de leurs fonctions spéciales quel service font les sous-officiers et caporaux de la section.

55. A quelle période de l'instruction les soldats peuvent-ils passer au petit état-major et à la section hors rang. Quels sont les exercices qu'ils font. Comment vivent-ils. Quelles sont les corvées qu'ils font.

Vaguemestre.

56. Quelles sont les prescriptions relatives à la boîte aux lettres. Chez quels officiers passe le vaguemestre pour y prendre les dépêches.

TITRE II.
Devoirs généraux communs aux divers grades et emplois.

Rapport journalier. — Marques extérieures de respect, 217-224.

57. Donner les dispositions et prescriptions générales concernant le rapport journalier.

* **58**. En cas d'urgence, comment sont communiqués les ordres donnés, dans la journée, par le colonel.

59. Dans quelles formes et suivant quels modèles se fait la correspondance de service.

Gardes et piquets, 229-239.

60. Quelles sont les dispositions générales concernant la formation des gardes montantes.

* **61**. Quel est le service général et la consigne générale de la garde de police.

* **62**. Quels sont les devoirs généraux du sergent de garde.

* **63**. Quels sont ses devoirs relativement à la visite des salles de discipline. — A l'égard des consignés.

* **64**..... relativement à la propreté du quartier.

* **65**......... relativement à la surveillance de la tenue de la troupe.

* **66**......... à l'égard des étrangers entrant au quartier.

* **67**......... après l'appel du soir.

* **68**......... à l'égard des malades pendant la nuit et de ceux détenus.

* **69**......... relativement à la tenue des registres.

* **70**......... lorsque la garde de police et commandée par un officier.

Permissions, 297.

71. Quels sont les sous-officiers autorisés à ne rentrer qu'à minuit; à loger en ville. Que doivent faire les sous-officiers, caporaux et soldats qui sortent du quartier, après l'appel du soir.

Punitions des sous-officiers. 312-319.

72. Quelles sont les punitions à infliger aux sous-officiers.

73. Pour quelles fautes est infligée chacune de ces punitions.

74. Comment les sous-officiers subissent-ils leurs punitions : de consigne au quartier, de consigne à la chambre, de prison.

75. Par qui les punitions sont-elles ordonnées aux sous-officiers.

76. Quel est l'effet de la rétrogradation et par qui est-elle prononcée.

77. Quel est l'objet des conseils d'enquête de régiment pour les sous-officiers.

Couchage, 347-352.

78. A quelles époques se fait l'échange des draps de lit dans les compagnies et à l'infirmerie.

79. Quand se fait l'échange des serviettes de l'adjudant, des draps et des sacs à coucher. Que devient la fourniture de tout homme qui entre en position d'absence pour plus d'un mois.

80. Quand s'opère le renouvellement de la paille de couchage, pour les lits et les demi-fournitures.

81. Quelles sont les prescriptions concernant le service du matériel auxiliaire du couchage.

82. Quelles sont les troupes qui ont droit à la paille de couchage. Quand est-elle perçue.

Tables, 399-400.

82. Quelles sont les prescriptions relatives aux tables des sous-officiers. Par qui sont autorisées les réceptions de corps.

Routes dans l'intérieur, 409-430.

83. Comment sont emportés les livres de comptabilité des compagnies. Quels sont les contrôles et états dont sont munis les sergents-majors.

84. Donner la composition et le départ du logement et de la garde de police.

85. Que devient la garde descendante au départ du régiment.

86. Quelles sont les règles à observer par deux troupes qui se rencontrent.

87. Quels sont les devoirs des sous-officiers relativement à leur visite dans les logements.

88. Quels sont leurs devoirs relativement à la visite des malades et écloppés.

89. Quand a lieu l'appel du soir. Où est-il fait. Par qui est-il rendu.

5° SERVICE EN CAMPAGNE

PREMIÈRE PARTIE

Instruction de la section. — Service des avant-postes.

1. En combien d'articles se divise l'instruction de la section sur le service des avant-postes.

2. Qui donne cette instruction. Dans quelles conditions est l'ennemi. Quel est le nombre des séances affecté à chaque article.

Article 1er.

Observation et surveillance de l'ennemi.

3. Donner la manière d'enseigner le premier article de l'instruction de la section sur le service des avant-postes. (Observation et surveillance de l'ennemi.) — La disposition des groupes adverses ; la série des mouvements à faire exécuter.

Article 2.

Rondes, patrouilles, parlementaires, déserteurs, isolés.

4. Donner la manière d'enseigner l'article 2, c'est-à-dire la conduite à tenir vis-à-vis des rondes, patrouilles, parlementaires, déserteurs, isolés, la série des mouvements successifs à faire exécuter par les deux partis.

Article 3.

Deux sections opposées.

5. Donner la manière d'enseigner l'article 3, c'est-à-dire les mouvements exécutés par deux sections opposées l'une à l'autre.

Article 4.

Service de nuit.

6. Donner la manière d'enseigner l'article 4, c'est-à-dire le service de nuit et des avant-postes irréguliers.

DEUXIÈME PARTIE

Instruction de la section. — Service de marche.

7. En combien d'articles se divise l'instruction de la section sur le service de marche.

ARTICLE 1er.

Marche d'une section contre un ennemi figuré.

* **8**. Donner la manière d'enseigner l'article 1er de l'instruction pratique sur le service de marche ; c'est-à-dire la marche d'une section contre un ennemi figuré, la disposition des deux détachements, la marche de la pointe ou des flanqueurs rencontrant : un tournant de route, un embranchement, un obstacle, un bois, un village, des personnes isolées, — la marche en retraite.

ARTICLE 2.

Deux sections opposées.

* **9**. Comment est enseigné l'article 2 de l'instruction pratique de la section sur le service de marche, c'est-à-dire la marche de deux sections opposées l'une à l'autre.

ARTICLE 3.

Service de nuit.

* **10**. Comment est enseigné l'article 3, c'est-à-dire exercices de marche pendant la nuit.

TROISIÈME PARTIE

Instruction de la section. — Service de reconnaissance.

CHAPITRE Iᵉʳ

But du service de reconnaissance.

* **10**. Quel est le but des reconnaissances en général et que comprend-il.

CHAPITRE II

Reconnaissances ordinaires.

* **12**. Quel est l'objet des reconnaissances ordinaires, la zone d'exploration, les instructions que reçoit le commandant, l'ordre de marche, les instructions données à la troupe par le commandant d'une reconnaissance.

13. Quels sont les détails à observer par le chef d'une reconnaissance : sur les chemins — chemins de fer.

14....... sur les cours d'eau, canaux. digues.

15....... sur les défilés, bois.

16....... sur les hauteurs. plaines.

17....... sur les lieux habités.

18. Quel est le premier devoir du commandant d'une reconnaissance, et la conduite à tenir à la rencontre de l'ennemi.

19. Comment sont faits et expédiés les rapports écrits ou verbaux du chef d'une reconnaissance.

20. Quel est le but des postes de correspondance, dans le service de reconnaissance.

Instruction pratique.

21. En combien d'articles se divise l'instruction pratique de la section sur le service de reconnaissance.

ARTICLE Ier.

Reconnaissance par une section isolée.

* **22**. Comment est enseigné l'article Ier, — (reconnaissance faite par une section isolée), — dispositions spéciales pour la reconnaissance d'un village; des chemins de fer.

ARTICLE 2.

Deux sections opposées.

* **23**. Comment est enseigné l'article 2, — (reconnaissance par deux sections opposées l'une à l'autre).

ARTICLE 3.

Service de nuit.

* **24**. Comment est enseigné l'article 3, — (reconnaissance pendant la nuit).

CINQUIÈME PARTIE

Convois. — Petites opérations de la guerre.

CHAPITRE Ier.

Convois, 93-102.

25. Quel est l'objet des convois.

26. Quelles sont la force et la composition de l'escorte d'un convoi.

27. Quelle est l'autorité du commandant d'un convoi. Quelles sont les dispositions qu'il prend avant de se mettre en route.

28. Quel est l'ordre de marche d'un convoi.

29. Quelles sont les dispositions à prendre par le commandant de l'escorte pour la marche et pour la défense.

30. Quand et dans quels endroits se font les haltes.

31. Comment sont parquées les voitures. A quel moment du départ doit-on brider.

32. Dans quel cas, le commandant d'un convoi doit-il engager le combat.

33. Quelles dispositions prend le commandant pour la défense de son convoi, à l'approche de l'ennemi.

34. Quelles dispositions prend-il, lorsqu'il voit que le combat prend une tournure défavorable.

35. Quelles déterminations prend-il, après une défense opiniâtre et la perte de la majeure partie de sa troupe.

36. Quelles dispositions prend-il dans le cas

où le feu prend au convoi, dans le parc ou sur une route.

37. Quelles sont les dispositions spéciales à prendre par le commandant de l'escorte d'un convoi de prisonniers relativement à la marche, à la manière de traiter les prisonniers.

38. A l'emplacement des repos ou des bivouacs, au séjour dans les cantonnements, à la défense du convoi.

39. Quelles sont les dispositions à prendre pour attaquer un convoi.

40. Quel est l'ordre de marche d'un convoi escorté par des troupes de différentes armes.

CHAPITRE III.

Surprises et embuscades, 106-109.

41. Qu'entend-on par surprises. Quelle est la première condition pour assurer le succès d'une surprise.

42. Quels sont les moments les plus favorables pour exécuter une surprise.

43. Quelles sont les précautions à prendre pendant la marche.

44. Quelles sont les dispositions au moment de l'attaque faite par la surprise.

45. Comment s'exécute la surprise d'un lieu habité.

46... La surprise d'une troupe en marche.

47. Comment une troupe tend-elle une embuscade et quelle est la première condition du succès.

48. Quels sont les moments les plus favorables et quelles sont les dispositions à prendre pour

assurer la réussite d'une embuscade, les dispositions à prendre en cas d'insuccès.

CHAPITRE IV.

Destruction de chemins de fer, lignes télégraphiques, matériel, 110-119.

49. Quelle est la règle absolue à observer dans les destructions. Quelles sont les troupes chargées des destructions.

50. Quelles sont les outils spéciaux dont sont munis les hommes pour détruire un chemin de fer.

51. Quelles sont les dispositions et opérations nécessaires à la destruction d'une voie en indiquant les moyens les plus usuels.

52. Quel est le matériel à détruire dans les gares.

53. Comment reconnaît-on l'état d'une ligne de chemin de fer.

54. Comment s'opère la destruction des lignes télégraphiques : sur une route, dans une station télégraphique. Comment peut-on interrompre momentanément le service.

55. Comment s'opère la destruction des pièces d'artillerie, des projectiles, des armes portatives.

6ᵉ COURS DE COMPTABILITÉ.

(Pour une compagnie.)

Ce cours n'est suivi que par les élèves susceptibles de devenir comptables.

Principes généraux.

* **1**. Quel est l'objet de l'administration. — De la comptabilité.

2. Quel est le personnel administratif et comptable d'un régiment.

3. Quelles sont les attributions générales du conseil d'administration.

4. Quel est la composition du conseil central d'administration d'un régiment.

5..... d'un conseil éventuel.

* **6**. Quelles sont en administration et comptabilité les attributions des commandants de compagnie.

* **7**..... des sous-officiers comptables (sergent-major, fourrier).

* **8**. Quelles sont les diverses prestations ou allocations faites par l'État aux hommes de troupe.

Des droits aux prestations.

* **9**. Par quoi sont déterminés les droits aux diverses allocations (soldes, vivres, etc). — Qu'entend-on par : positions collectives : positions individuelles.

* **10**. Quelles sont les positions collectives dans lesquelles peut se trouver une compagnie ou une fraction de compagnie.

* **11**. En combien de catégories se divisent les positions individuelles. Quelle est la position de présence — la position d'absence.

* **12**. Qu'appelle-t-on mutation. — Comment sont constatées les mutations.

13. Quand commencent les droits à la solde et aux vivres : 1° pour les jeunes soldats appelés à l'activité et formés en détachement ; 2° pour les jeunes soldats appelés à l'activité, les engagés et les rengagés se rendant isolément à leur corps ; 3° pour les réservistes, disponibles, territoriaux convoqués ; 4° pour les militaires rentrant d'une absence illégale ; 5° Pour un militaire promu caporal ou à un emploi de sous-officier ; 6° pour le soldat promu à la 1re classe.

14. Quand cessent les droits à la solde et aux vivres : pour le militaire allant en permission ou en congé : 2° pour le militaire entrant à l'hôpital ; 3° pour le militaire mis en jugement ; 4° pour le militaire fait prisonnier ou disparu ; 5° pour le militaire décédé ; 6° pour le militaire libéré, réformé ou renvoyé.

* **15.** L'homme de troupe reçoit-il une solde en position d'absence. Quels sont les sous-officiers qui ont droit à la solde de présence ou d'absence et dans quelles positions.

* **16.** A quelle date rentre en solde un homme de troupe, après une position d'absence.

* **17.** Expliquer (pièce en mains) comment est établi la situation journalière. Les inscriptions faites au recto et au verso. — Par qui et où elle est signée. Ce qu'elle devient. — A quoi elle sert. — Où est-il conservé traces de la situation.

Perception de la solde et des accessoires de solde.

* **18.** Qu'appelle-t-on solde.

* **19.** Quelle est la solde des sous-officiers. caporaux, soldats. enfants de troupe d'une compagnie.

* **20.** Que comprennent les accessoires de

solde. Combien y a-t-il de hautes-payes d'ancienneté et quand commencent les droits à chacune d'elles. Donner le tarif des hautes-payes.

* **21** Comment se décomptent les hautes-payes journalières et dans quelles positions sont-elle allouées, aux sous-officiers rengagés ou commissionnés ; aux caporaux et soldats.

* **22**. Combien y a-t-il de sortes d'indemnités. Quand est alloué : 1° l'indemnité aux troupes en marche ; 2° l'indemnité en rassemblement, 3° l'indemnité à l'occasion de la fête nationale ; 4° l'indemnité pour résidence dans Paris ; 5° l'indemnité en remplacement de vivres, de vin ou d'eau-de-vie.

23. Donner le tarif des indemnités par grade.

* **24**. Quand et comment se perçoit la solde de la troupe. Combien y a-t-il d'espèces de feuilles de prêt.

* **25**. Expliquer (pièce en mains) comment est établie une feuille de prêt ordinaire, avec mutations portant augmentation et diminution.

26. Dans quel cas établit-on une feuille de prêt supplémentaire.

* **27**. .... Une feuille de prêt spéciale. Où est-il conservé traces de la feuille de prêt dans la compagnie.

28. En combien de parties se divise le prêt. Quelle est la somme à recevoir par le sergent-major, des mains du trésorier : 1° si le corps n'a pas de commission des ordinaires ; 2° si le corps a une commission des ordinaires. Dans ce dernier cas, à quoi est égale la somme reçue.

29. Comment le capitaine règle-t-il avec le sergent-major : 1° si le corps n'a pas de commission des ordinaires ; 2° si le corps a une commission des ordinaires. Dans ce dernier cas, quelle est la somme qui peut être retenue ou remise par le capitaine.

30. Comment se fait le paiement du prêt à la compagnie, par le sergent-major.

Vivres et chauffage.

31. Sur le pied de paix, comme sur le pied de guerre ; dans quelle position sont dus les vivres aux sous-officiers, caporaux et soldats. Quels sont les vivres sur le pied de paix et la quotité des rations.

32. Quels sont les vivres dus sur le pied de guerre et quelle est la quotité des rations.

33. Quels sont les vivres dus aux troupes : en marche, pendant les grandes manœuvres, aux hommes punis de prison.

34. Dans quels cas sont accordées des rations extraordinaires de liquides.

35. Expliquer (pièce en mains) comment sont établis les bons de vivres. Où sont enregistrés les bons de vivres.

36. Comment se font les distributions de vivres, la vérification du poids et de la qualité.

37. En combien de catégories se divise le chauffage, comment se décomposent les rations d'ordinaire, à qui sont allouées les rations individuelles d'ordinaire.

38. A qui sont allouées les rations collectives d'ordinaire.

39. Comment est déterminé le taux des rations pour la préparation du café.

40. A quelles époques a lieu l'allocation des rations pour le chauffage aux troupes casernées ; aux troupes campées ou baraquées.

11. Comment se décomposent les rations de chauffage d'hiver. A qui sont allouées les rations collectives, dites rations de chambre pour le chauffage d'hiver.

12. Quels sont les droits : d'une compagnie au chauffage d'hiver, du petit état-major, de l'infirmerie, des ateliers et des hommes mariés, des adjudants logés seuls.

13. A qui sont dues les rations individuelles de chauffage d'hiver. Dans ce cas, quel est le taux de la ration allouée aux sous-officiers et caporaux-tambours.

14. Par qui sont établis les bons de chauffage. Comment se font les distributions de chauffage.

De l'ordinaire.

15. Quelles sont les attributions de la commission des ordinaires.

16. Quels sont les devoirs du lieutenant, du sergent-major, du caporal d'ordinaire en ce qui concerne l'ordinaire dans la compagnie.

17. Quelles sont les recettes permanentes ou journalières de l'ordinaire.

18. Quelles sont les recettes accidentelles ou produits additionnels de l'ordinaire.

19. Quelles sont les dépenses de l'ordinaire.

50. Expliquer pièce en mains la tenue du livret d'ordinaire quant à l'inscription des recettes, des dépenses, à l'établissement de la balance, à sa vérification.

51. Qu'appelle-t-on boni d'ordinaire. Quel est le montant du boni par homme pouvant exister à l'ordinaire. Comment se fait le dépôt ou le retrait de l'excédent du boni. Est-il fait de décompte du boni.

52. Quelles sont les prescriptions relatives au blanchissage du linge de la troupe.

53. Comment procède-t-on pour la gestion de l'ordinaire, dans les compagnies, lorsqu'il n'est pas formé de commission des ordinaires.

Habillement, armement, campement.

54. En combien de catégories se divisent les effets d'habillement. Quels sont les effets de la première catégorie, de la deuxième catégorie.

55. Comment est supputée la durée réglementaire des effets de la première catégorie, de la deuxième catégorie.

56. A quels titres sont dus les effets d'habillement. A qui sont-ils dus à titre de première mise (6 catégories de militaires).

57. Quels sont les effets d'habillement que reçoivent les sous-officiers (caporaux fourriers compris); les caporaux et soldats, les caporaux promus sous-officiers, les jeunes soldats (1re et 2e portion), les engagés conditionnels.

58. Dans quelles conditions se font les remplacements des effets de la première catégorie, de la deuxième catégorie.

59. Expliquer (pièce en mains) comment sont établis les bons de distribution des effets de toute nature. Où sont enregistrés ces bons, dans la compagnie.

60. Comment se touchent les effets de toute nature, au moment de l'appel des réservistes ou des hommes de l'armée territoriale, soit pour une mobilisation, soit pour une période d'instruction.

61. Comment se fait le marquage des effets de la première catégorie.

62. .... de la deuxième catégorie.

63. Comment est prononcée la réforme des effets.

64. Quels sont les effets que l'on réintègre immédiatement en magasin, et dans quel état doivent-ils être.

65. Expliquer (pièce en mains) comment sont établis les bulletins de versement.

66. Quels sont les effets que l'on dépose en magasin et à l'aide de quelle pièce. Comment est-elle établie.

67. Comment se font les réparations aux effets et à l'aide de quelles pièces. Expliquer (pièce en mains) comment est établie cette pièce (bulletin de réparations). Où sont enregistrés et transcrits les bulletins de réparations.

68. Comment opère-t-on lorsque les réparations sont effectuées par des ouvriers civils.

69. Comment est déterminé le montant de l'imputation des objets détériorés par la faute de l'homme, mais réparables.

70........ des objets mis hors de service par la faute de l'homme.

71......... des effets d'instruction — armes et accessoires — autres objets.

72. Comment est déterminé le montant de l'imputation des objets perdus : de la 1re catégorie.

73....... Des effets d'instruction — armes et accessoires d'armes — autres objets.

74. Quelle est la pièce à établir pour imputation de moins-value et où est-elle enregistrée à la compagnie.

***75**. Comment procède-t-on lorsque des effets ont été perdus ou détériorés par cas de force majeure.

***76**. Quels sont les effets emportés par les sous-officiers, les caporaux et les soldats qui quittent l'armée active pour rentrer dans leurs foyers.

77. Quelles sont les dispositions spéciales, quant à l'habillement des hommes de la seconde partie.

***78**. Quels sont les effets et objets que reçoivent les réservistes à leur arrivée au corps — les sous-officiers réservistes — les adjudants réservistes.

***79**. Quelle est l'indemnité payée à ceux qui rapportent des effets d'habillement, pour pantalon, veste-tunique, capote, képi.

***80**. Quelle est l'indemnité payée à l'homme de l'armée active qui a prêté ses effets de petite monture à un réserviste. Les réservistes reçoivent-ils une première mise et une prime journalière d'entretien.

81. Sur quels effets d'habillement et d'équipement se fait le marquage. Quels sont les effets versés par les réservistes, au moment de leur départ. Comment sont imputées les pertes ou dégradations.

82. Quelles sont les pièces à établir pour les distributions et les réintégrations : pour les indemnités d'effets apportés par les réservistes ; pour les indemnités à payer aux hommes de l'armée active qui ont prêté leurs effets de petite monture.

83. Quels sont les effets que reçoivent les territoriaux convoqués.

84. Quelle est l'indemnité allouée pour capote, tunique ou veste, pour pantalon de treillis; pour képi, pour chaussure et linge. Comment sont marqués leurs effets d'habillement.

Masse individuelle.

*85. Quel est l'objet de la masse individuelle. A quels militaires était-elle reprise par l'État.

*86. Comment la masse est-elle constituée et alimentée.

87. Qu'appelle-t-on décompte et quand est-il payé.

*88. Quel est le montant : de la première mise, de la prime journalière d'entretien, du complet de la masse.

*89. Dans quelle position est allouée la prime journalière d'entretien aux caporaux et soldats, aux sous-officiers rengagés ou commissionnés.

90. Dans quelles circonstances se perd le droit à la prime journalière. Quand l'homme qui rentre au corps après une absence recouvre-t-il ses droits à la prime.

91. Quel est le supplément journalier alloué aux troupes en campagne. Quand commencent et cessent les droits à ce supplément.

92. Quelles sont les recettes éventuelles de la masse individuelle.

93. Sur quelles pièces comptables figure la justification des recettes de la masse individuelle : 1° en ce qui concerne les premières mises et la prime journalière d'entretien et le supplément de la prime journalière; 2° en ce qui concerne les versements des tambours et clairons et des travailleurs. Où est encore enregistré le versement des travailleurs et des hommes qui les remplacent dans leur service.

*94. Sur quelles pièces comptables figure la justification des dépenses de la masse individuelle : 1° en ce qui concerne la distribution des effets de petit équipement. Où sont enregistrés les bons d'effets de petit équipement, d'abord en bloc et ensuite nominativement.

95..... 2° en ce qui concerne les réparations ; 3° en ce qui concerne les imputations de moins-value.

96..... 4° en ce qui concerne les dégradations au casernement; 5° à la literie; 6° aux effets de campement.

*97. Qu'appelle-t-on effets de petit équipement. Où le soldat trouve-t-il la nomenclature des effets de petit équipement. Comment sont remplacés les effets de petit équipement.

*98. Expliquer (pièces en main), comment et à quelle date se fait l'inscription des recettes et dépenses sur le livret matricule et sur le livret individuel.

*99. Expliquer (pièces en main), comment se font les arrêtés du livret matricule et du livret individuel.

*100. Comment se fait le payement du décompte excédant du complet de la masse individuelle.

*101. Comment se fait la liquidation des comptes de la masse individuelle.

Casernement et literie.

102. De quels effets est composée la fourniture du soldat, la demi-fourniture du soldat et la demi-fourniture de salle de police.

103. Quand se fait la reconfection des mate-

las et traversins, l'échange de la paille, l'échange des draps de lit.

101. Comment se fait la distribution des fournitures de literie.

Livres à tenir dans chaque compagnie.

105. Donner la nomenclature des livres à tenir dans chaque compagnie.

106. Donner (pièce en main), l'explication raisonnée des différentes inscriptions qui figurent au livret matricule.

107. Où sont placés les livrets matricules des hommes comptant à l'effectif, des hommes qui changent de compagnie, des hommes qui changent de corps.

108. Donner (pièce en main), l'explication raisonnée des différentes inscriptions qui figurent au livret individuel.

109. Quels sont les cinq documents qui composent le registre de comptabilité trimestriel. Que deviennent ces documents à la fin du trimestre.

110. Donner (pièce en mains), l'explication raisonnée des différents chapitres de la 1re partie du livre de détail (6 chapitres) et la manière de les tenir.

111. Donner (pièce en main), l'explication raisonnée des sections qui composent la 2e partie du livre de détail et la manière de les tenir.

112. Quel est l'objet du cahier d'enregistrement. Que devient-il à la fin du trimestre.

113. Donner (pièce en main), l'explication raisonnée de la feuille de journée des hommes, en indiquant sommairement la manière de l'établir. Que devient-elle ,à la fin du trimestre.

114. Donner (pièce en mains) l'explication raisonné de la *feuille de décompte de la masse individuelle*, en indiquant la manière de l'établir. Que devient cette feuille à la fin du trimestre.

* **115**. Par qui est tenu le registre d'ordres et quelles sont les prescriptions à observer pour sa tenue.

* **116**. Comment se fait la liquidation trimestrielle des compte de la compagnie, en solde, en vivres.

NOTA : Les questions qui ne sont pas précédées d'un astérisque ne figurent qu'à titre de renseignements complémentaires à l'enseignement de la comptabilité ; elles pourront à la rigueur être retranchées au jour de l'examen.

7° LÉGISLATION

Etude de la loi du 23 juillet 1881 sur le rengagement des sous-officiers et des prescriptions ministérielles relatives à son application.

1. Quelles sont les conditions à remplir pour être admis à contracter un rengagement : 1° par les sous-officiers présents; 2° par les sous-officiers rentrés dans leurs foyers. Pendant combien d'années, les sous-officiers peuvent-ils servir comme rengagés.

2. En quelle qualité peuvent servir les sous-officiers après dix ans de rengagement. Quel doit être le nombre total, pour l'armée, des sous-officiers rengagés ou commissionnés.

3. Comment se font les demandes de rengage-

ment des sous-officiers présents au corps. Quelles,
sont les prescriptions relatives à leur examens,
leur transmission, leur solution.

4. Quelles sont les prescriptions relatives aux
demandes de rengagement des sous-officiers rentrés dans leurs foyers.

5. Quels sont les avantages moraux faits aux
sous-officiers rengagés relativement à la conserva-
tion du grade.

6. Quels sont les avantages pécuniaires faits
aux sous-officiers au premier rengagement.

7. ...... au deuxième rengagement.

8. Jusqu'à quel âge les sous-officiers commissionnés peuvent-ils être maintenus sous les
drapeaux. Quelle est la haute-paye journalière,
après dix ans de rengagement.

9. A vingt-cinq ans de service quelle est la
pension de retraite de l'adjudant, du sergent-
major, du sergent.

10. Après dix ans de rengagement sur quel
grade est liquidée la pension proportionnelle des
sous-officiers. Quel est le taux de la pension
proportionnelle pour l'adjudant, du sergent-major,
du sergent.

11. Dans quelles conditions les sous-officiers
rengagés sont-ils pourvus d'emplois civils.

12. Que deviennent les sous-officiers qui
n'auraient pas été pourvus d'un emploi civil au
jour de leur libération.

13. ...... Les sous-officiers qui obtiennent
un emploi exigeant un surnumérariat ; les sous-
officiers proposés pour la gendarmerie.

14. Pour un sous-officier rengagé, quelles
sont les conséquence de son passage dans la

gendarmerie ou l'appel à un emploi militaire prévu par les lois ou règlements.

15. .... De sa nomination au grade d'officier, de son admission à la retraite ou à la réforme pour blessures ou infirmités contractées au service.

16. Que devient l'indemnité de 2.000 francs, en cas de décès sous les drapeaux.

17. Que reçoit sur l'indemnité de 2,000 francs, le sous-officier rengagé, réformé par congé n° 2, le sous-officier qui renonce volontairement à son grade ou qui le perd par rétrogradation, cassation ou jugement, le sous-officier cassé ou rétrogradé qui redevient sous-officier avant sa libération.

18. Quelles sont les obligations des sous-officiers en jouissance de la pension proportionnelle ou de retraite.

19. Quels sont les avantages faits aux militaires qui ont souscrit un ou plusieurs rengagements comme soldats et caporaux, et qui sont parvenus ensuite au grade de sous-officier.

20. Quels sont les avantages faits à ces mêmes militaires pour les rengagements à contracter ultérieurement.

8° COURS ÉLÉMENTAIRE DE LECTURE DES CARTES TOPOGRAPHIQUES

(signes conventionnels) Les interrogations se font avec la carte et le plan relief.

Planimétrie.

1. Qu'est-ce qu'une carte. Qu'appelle-t-on échelle de la carte.

2. Comment construit-on une échelle au 1/80.000°.

3. Comment mesure-t-on sur la carte au 1/80.000 une distance, à l'aide d'une bande de papier, à l'aide d'un double décimètre.

4. Montrer sur la carte ou sur le plan relief : une route nationale, une route départementale, un chemin de grande communication, un chemin vicinal ou communal, un sentier.

5......... une route encaissée, en chaussée, en corniche, un embranchement de route, un carrefour, une patte d'oie, une étoile.

6........ un chemin de fer, une station, un passage à niveau, un passage en dessous, un passage en dessus, un tunnel.

7......... un cours d'eau, la source d'un cours d'eau, la rive droite et la rive gauche d'un cours d'eau, un point situé en amont d'un autre ; en aval, une portion d'une rivière encaissée, une berge, un affluent, un confluent, un pont ordinaire, un pont de bateaux, un bac, un barrage, un canal, un canal d'irrigation, un étang, un marais.

8. Montrer sur la carte ou le plan relief : un bois, un pré, une vigne, une habitation isolée, un village, une église, un château, un moulin à vent, un moulin à eau, une forge ou usine, un télégraphe aérien, des ruines, une clôture, une haie.

Orientation.

9. Quels sont les points cardinaux et les directions intermédiaires. Quand dit-on qu'on est soi-même orienté. Comment s'oriente-t-on au moyen de la boussole, du soleil, de l'étoile polaire, des girouettes. Orientez-vous (pratiquement).

10. Comment oriente-t-on la carte, 1° au moyen des points cardinaux; 2° au moyen de la carte elle-même. Orientez votre carte par un de ces deux moyens (pratiquement).

* **11**. (Carte en mains) Supposons que vous partiez du point *a* pour vous rendre au point *b*); indiquez la route à suivre en faisant la description du terrain parcouru, puis trouvez la longueur du chemin parcouru. Quel temps faudra-t-il à une troupe pour parcourir ce chemin. (Répéter cette question dans les séries.)

Représentation des mouvements du terrain.

* **12**. Montrer sur la carte ou plutôt le plan relief, un mamelon, son plateau, ses flancs ou versants, son pied ou sa base.

13. Sur une carte dont les mouvements de terrain sont représentés par des courbes, qu'indique l'écartement plus ou moins grand qui existe entre les différentes courbes.

14. Sur une carte d'état-major, qu'indique la teinte plus ou moins foncée produite par les hachures.

* **15**. Montrer sur la carte une pente douce, une pente raide, un chemin à pente douce, un chemin dont la pente est raide.

* **16**. Montrer sur la carte une ligne de hauteurs, une chaîne de collines, une chaîne de montagnes.

* **17**....... une ligne de faîte ou ligne de partage des eaux, les pentes ou versants de ces hauteurs, une ligne de crêtes, la crête d'un mamelon, un col, une croupe, une vallée.

18. Montrer sur la carte un point d'où l'on aurait des vues sur le point (A par exemple); un point où l'on serait défilé des vues d'un ennemi placé en (B par exemple).

19. Montrer une côte, et que représente cette côte. Trouver sur la carte un point qui commande le terrain à 4,000 mètres environ, et dans tous les sens.

20. Placer sur la carte un petit poste et ses sentinelles pour observer l'ennemi placé en (A par exemple).

21. Indiquer sur la carte la route que devra suivre un détachement pour être défilé des vues de l'ennemi placé en (B).

22. Quelle ligne suivront les flanqueurs chargés de couvrir les flancs d'une troupe qui suit la route de... à...

23. Décrire le terrain sur lequel passe un chemin de fer.

24. Indiquer sur (tel) cours d'eau tous les points de passage.

25. Indiquer sur un chemin de fer tous les passages à niveau, en dessus, en dessous.

TABLE DES MATIÈRES

PREMIÈRE PARTIE

DEUXIÈME PARTIE